未来へつなぐ教育心理学

―多文化共生社会を生きる子どもを育むために―

石上浩美　編著

嵯峨野書院

はしがき

―多文化共生社会における教育心理学とは―

中央教育審議会「「令和の日本型学校教育」を担う教師の養成・採用・研修等の在り方について～「新たな教師の学びの姿」の実現と，多様な専門性を有する質の高い教職員集団の形成～」[1)]では，今後の教員養成・採用・研修改革の方向性を，①「新たな教師の学びの姿」の実現，② 多様な専門性を有する質の高い教職員集団の形成，③ 教職志望者の多様化や，教師のライフサイクルの変化を踏まえた育成と，安定的な確保，としている。では，このような社会的状況の変化や期待をふまえつつ，教育心理学は，これからどのように保育・教育の場とかかわっていくことができるのだろうか。

教育心理学の目的についてはさまざまな意見があるが，北尾（2006）[2)]によると，「教育とよばれる事象の心理的問題を解明することが目的」であるという。これをふまえて，本著では，「いまここで起こっているさまざまな教育的事象や課題について，心理学的なアプローチによって解明し問題解決のヒントとなり得るための学問領域」を教育心理学とよぶことにする。

一般的に保育・教育の場とは学校園を指し，学びの主体は子どもであると思われているだろう。だが，「新たな教師の学びの姿」においては，教師自身も学びの主体に含まれる。また，いわゆる社会人の「学び直し」も含めた生涯学習的な観点からは，誰かが何かを学ぼうとする場や共同体（たとえば家庭や社会教育の場）も保育・学びの場に含まれるだろう。

一方，子どもや家庭環境の多様化と社会の急激な変化にともない，教師の専門性には「理論と実践の往還」が求められており，保育・学びの場に対する社会的な期待や要請は，量・質ともに多様化しつつある。このような状況をふまえて，教育心理学がこれまでに培ってきた知見は，どのように活用することができるだろうか。

本著は，第１部を理論編，第２部を実践編とした。理論編では，教育心理学の位置づけ，乳幼児期から青年期までの発達，学習，人格，適応支援と心理アセスメント，障がいを持つ子どもの理解，教育評価についての理論を整理した。これらの知見は，将来，保育・教育やその近接領域である福祉・医療に携わるみなさんにとっても，学問として系統的に学んでおく必要がある。ただ，そのすべてが，必ずしも即時対応できるものとは限らないだろう。

そこで実践編では，「子どもを取りまく現状と課題」をテーマに，小・中・高等学校における実践事例をふまえた現状と課題を整理した。とくに，Society5.0 社会への移行におけるICTの普及と情報環境の変化にともなった子どもの姿や，「国籍や民族などの異なる人々が，互いの文化的ちがいを認め合い，対等な関係を築こうとしながら，地域社会の構成員として共に生きていくこと」[3]が可能な，多文化共生社会における教育心理学のあり方についても示した。

本著は，主に保育士養成・教職課程で学ぶ学生のためのテキストとして編集したものではあるが，教育心理学の概論を網羅したものではなく，今ここで起こっている事象や出来事，時事的なトピックに着目し，それらの問題解決のヒントとなり得るような知見の絞り込みを試みた。その意図は，現職教諭・保育士をはじめ，日々子どもの保育・教育・福祉・医療などにかかわる専門職の方々や，子育て中のみなさんにもお読みいただきたいという編著者の想いである。本著が，どのページからでも読んでいただける，教育心理学の「読み物」になることを願っている。

2024年7月

編著者　石　上　浩　美

【引用・参考文献】

1）中央教育審議会「「令和の日本型学校教育」を担う教師の養成・採用・研修等の在り方について～「新たな教師の学びの姿」の実現と，多様な専門性を有する質の高い教職員集団の形成～」2022年（https://www.mext.go.jp/b_menu/shingi/chukyo/chukyo3/079/sonota/1412985_00004.htm，2024年2月1日閲覧）

2）北尾倫彦・中島 実ほか『精選コンパクト教育心理学—教師になる人のために』北大路書房，2006年

3）総務省「多文化共生の推進に関する研究会報告書～地域における多文化共生の推進に向けて～」2006年（https://www.soumu.go.jp/kokusai/pdf/sonota_b5.pdf，2024年2月20日閲覧）

目　次

第2部　実践編

第 1 部
理 論 編

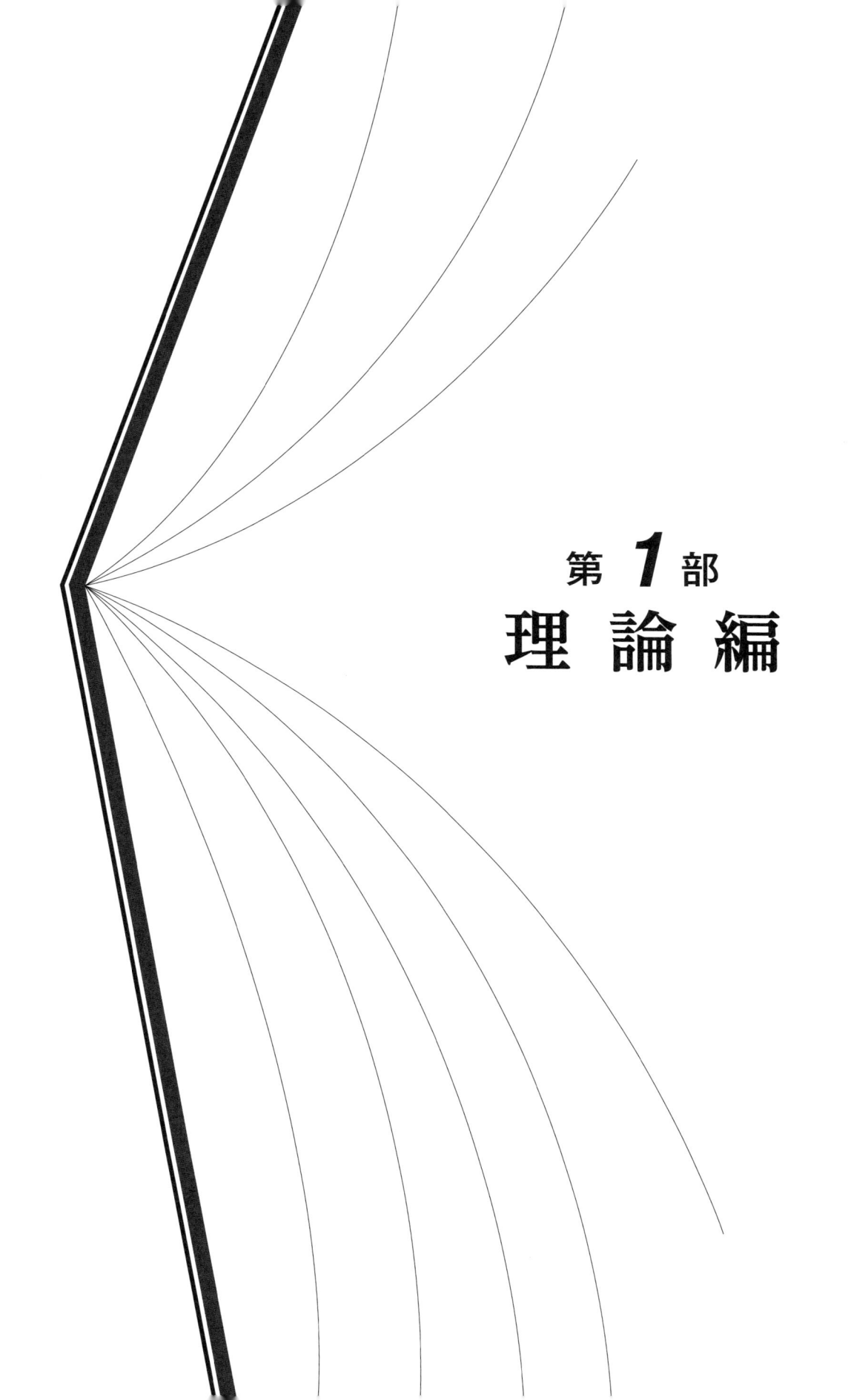

第1章 心理学とは

1 心理学のはじまり

ひとの心とはどのようなものなのか。この素朴な問いを明らかにしようとギリシャ・ローマ時代から現代に至るまで，多くの先人たちが議論を積み重ねてきた。ひとの心の仕組みを知ることによって，相手の気持ちや考えを理解し，円滑な人間関係を築くことができるかもしれない。また，自分が何者であるのかを知るきっかけにもなるかもしれない。そこで本章では，心理学という学問の歴史を整理し，教育心理学の学問としての位置づけについて述べたい。

1 哲学から派生した心理学

ソクラテス（Socrates；BC469～399）は，自らが無知であることを自覚することが真理を探究する土台であり，真理の探究のためには対話が重要であると主張した（助産術）。また，プラトン（Plátōn；BC427～347）は，**「洞窟の比喩」**[1]から，無教育状態にある人々を洞窟の外にある「実在（イデア；idea）」が見えるように導き出し転向を促すことによって知の探究が可能になるとした。さらにアリストテレス（Aristotelēs；BC384～322）は，生まれつき，習慣（エトス），理性（ロゴス）の２つの要素によって，人は善くなろうという意欲を持ち，有徳な者になるとした[2]。

これらの思想は，その後のスコラ哲学，ルネサンス・宗教改革期の哲学を経て，近代以降の自然科学の発展，さらには心理学という学問の誕生に多大なる影響を与えた。エビングハウス（Ebbinghaus, H.；1850～1909）は，心理学が哲学の一領域であったということを，「心理学の過去は長いが歴史は短い」[3]という有名な言葉で表現している。

2 ヴントの実験心理学

ヴント（Wundt, M. M.；1832～1920）は，17世紀末頃から始まった心に関する**感覚・知覚研究**や19世紀頃に盛んに行われていた**実証主義的アプローチ**をふまえて，1879年にライプチッヒ大学で世界初となる公式の実験心

ソクラテス
自らを「ピロソポス（哲学者）」とよび，あらゆる物事において，老若男女を問わず，徳による自己実現を求める魂の育成（パイデイア）を目的とした哲学。だが「神々に対する不敬と，青年たちに害毒を与えた罪」で死刑に処せられた。

プラトンの洞窟の比喩
洞窟のなかで手足を縛られ拘束されている人々は，壁に映し出された「影絵」を見て，それを「実在」だと思い込んでいる「無教育」状態である。そこで，洞窟の外にある「実在（イデア；idea）」が見えるように導き転向を促すこと，すでに内在している知へ促すこと（パイデイア）によって理想国家の実現につながるという哲学。

感覚・知覚研究
視覚・聴覚・味覚・嗅覚・触覚の五感についての感じ方に関する研究。

実証主義的アプローチ
よくわからない現象を実験や観察から客観的に明らかにしようという手法。

理学教室を設置した。これが後世学問としての心理学の誕生であるとされたことから，「実験心理学の父」とよばれている。

ヴントの手法は生理学的な知見を感覚・知覚に応用したものであり，心を哲学ではなく実証科学として捉えようとした（構成心理学）。その内容は，意識・要素・内観に分類できる。意識とは，統制された実験環境において，ひとが何かを経験（意識経験）するときの意識状態を分析対象とした。また，要素とは，意識経験がいくつかの要素によって構成されるという捉え方である。そして内観とは，実験協力者が実験によってどのように感じたのかを自己観察し，言葉で報告された内容から分析するというものであった。このようにして，心の仕組みがどのようなものであるのかを明らかにしようとした手法によって，心理学は哲学から独立した独自の学問領域という位置づけになった。

2　いろいろな心理学

1　ゲシュタルト心理学

ゲシュタルトとは，ひとの心を知覚現象や認識活動を「1つのまとまり」として，その全体像を捉えようとした概念である。これは，ヴントの構成要素を批判したものである。ヴェルトハイマー（Wertheimer, M.；1880～1943）は，ストロボスコープを用いた知覚実験で，実際には物理的に動いていないものが動いているように見える（仮現運動）ことを示した。この結果をきっかけに，**ゲシュタルト学派**が誕生した。

ゲシュタルト学派
ケーラー（Köhler, W.；1887～1967），コフカ（Koffka, K.；1886～1941）はヴェルトハイマーの実験を手伝っていたことから，この3人とその弟子らのグループの総称。

ゲシュタルト学派の概念は，知覚・実験心理学研究領域だけではなく，日常生活場面における視覚現象も説明することができる。たとえば，踏切の警報器信号の光が一定の時間間隔で示されると，まるで光が動いているかのように見えるだろう。また，複数の静止画を単位時間で順次連続して動かすと，動画のように見える。これが，アニメーションや映像技術の原理であり，その後の社会生活のあらゆる場面に普及した。

2　精神分析学

フロイト（Freud, S.；1856～1939）は，神経症患者の治療方法として無意識に注目し，その解明のために，催眠法や独自の自由連想法，さらに夢分析法を開発した。そして，現在ある不快感や不適応要因は，表面的なもの（行動）だけでは説明がつかないことから，無意識を言語的に明らかにすることによって症状が改善することを発見した。また，ひとの行動を駆動するための概念を性的エネルギーにある（リビドー）とし，幼児期から発達するリビドーの抑圧が神経症の要因であるとした。この説はやや偏ったものの捉え方であったため一部の弟子たちは反発し離れていった。その代表が，人格心理学を提唱したユングであり，個人心理学を提唱したアドラーであった。

一方，フロイトは意識の体系化を進め，心は意識・前意識・無意識の3つに区分できること，そして，ひとの心の内面（自我）構造を，**イド（id）＝エス（es）**・**自我（ego）**・**超自我（super ego）**の3層構造で示した精神力動論的アプローチを提唱した。これを基に整理したものが，適応機制（防衛機制）である（第9章参照）。

イド(id)＝エス(es)
無意識の領域。自覚されていない過去の経験や快感原則に基づく欲求。

自我（ego）
意識の領域。自覚している自分自身。

超自我（super ego）
幼児期に親や養育者から受けた躾や社会的制約による「～してはいけない」「～すべきである」という価値観。イドや自我を調整する心の作用。

3　行動主義心理学

ワトソン（Watson, J. B.；1878～1958）は，パブロフの実験（第6章 1 参照）の影響などをふまえて，心理学が実証科学であるためには，内観（意識の主観的観察と分析）ではなく，客観的に観察できる行動だけを対象とする（行動主義宣言；1913）ことを主張した。代表的なものにはアルバート坊やの**恐怖づけ実験**がある。これは，条件刺激（CS）と条件反応（CR）の結びつきが学習（S-R 論）であることを示したものである。

恐怖づけ実験
生後11ヶ月の男児アルバートが白ネズミと遊んでいる場面で衝撃音を鳴らすとアルバートは白ネズミを見ただけで怖がり避けるようになった。さらに衝撃音を繰り返す（強化）と，白ネズミ以外にも白い動物を見るとおびえて泣き出す（般化）ようになる一方で，白以外の動物にはそのような反応は示さなかった（弁別）。

4　新行動主義心理学

ハル（Hull, C. L.；1884～1952）は，ワトソンのS-R 論をふまえて，刺激と反応の間を結びつけるものとして，習慣や反応の程度，行動を引き起こす外的条件（動因）に着目した動因低減説（S-S 論またはサイン・ゲシュタルト説）を主張した。また，スキナー（Skinner, B. F.；1904～1990）は，個体の自発的な行動とそれを促す道具との結びつきからオペラント条件づけを主張し行動分析学の創始者といわれている。

一方，トールマン（Tolman, E. C.；1886-1959）は，ネズミの迷路実験から，個体の持つ独自の信念や認知的な枠組み（媒介変数）が行動につながることを潜在的な学習と捉え，構成された認知的な構造を認知地図とよんだ。

このような新行動主義における知見が，後に認知心理学や認知科学という学習研究領域に発展し，現代の心理学の1つの潮流となった。

ひとの行動の背景にある心は，目には見えない捉えどころのないものであるが，それがどのようなものであるのかを，行動から明らかにしようとするところは行動主義・新行動主義の一貫した姿勢である。そのような研究の積み重ねが認知科学の発展であり現代の**人工知能（AI）**研究につながっている。

人工知能（AI）
（Artificial Intelligence）
人が実現するさまざまな知覚や認知を人工的に再現するシステム。

3 現代の心理学領域

おそらく「○○心理学」とよばれているものは，数え上げるとキリがないだろう。ヴントの内観法批判から派生した3つの学派（ゲシュタルト心理学・精神分析学・行動主義心理学）は，現代の心理学領域それぞれの基盤となっている。また，心理学はその目的や研究手法によって，基礎心理学と応用心理学という2つの区分に分類できる。この点から，現代の学問としての心理学領域について整理する。

1　基礎心理学

基礎心理学とは，すべてのひとが持つ心のメカニズムについて明らかにし，根本的な真理を探究することを目的とする。そして，定式化・統制化された方法による調査や実験を通して，過去の研究結果の**妥当性**，**信頼性**および再現性を担保し，そこから導き出された新たな結果を基に，一般化可能な理論を導き出し体系化しようとする研究領域である。

妥当性
対象に対する測定尺度が意図した目的に合致した方法や手続きである精度。構成概念妥当性，内容的妥当性，基準関連妥当性がある。

信頼性
対象に対する測定の精度。同一条件で統制された実験を行った場合，誰が行ってもほぼ同じ数値結果が得られる（再現性・安定性）場合は信頼性が高く，異なる数値結果となった場合は信頼性が低い。

例：知覚・神経・生理系心理学，認知・学習系心理学，実験心理学，発達心理学，言語心理学，人格心理学，社会心理学など

2　応用心理学

基礎心理学の理論を基に，日常生活のなかで具体的に起こっているさまざまな出来事や事象を対象に，その問題解決のヒントとなる知見を探究することを目的とする。学問体系としては，現代社会の多様化にともない非常に多岐の領域に分類できる一方で，複数の心理学領域にまたがる分野や心理学以外の人文・社会科学や自然科学領域にもまたがる分野がある。

例：臨床心理学，家族心理学，コミュニティ心理学，教育心理学，産業心理学，スポーツ心理学，芸術心理学，健康心理学，環境心理学，災害心理学，動物心理学，犯罪心理学，脳神経科学，遺伝行動学，統計学など

4 教育心理学とは

1　教育心理学の成り立ちと現状

教育心理学は，過去には基礎心理学の理論を土台とした，教育に関する心理学の一領域とみなされてきた。一方，学校教育に関する教育学の一領域という捉えられ方もある。これは，学問的立ち位置の中心軸が心理学なのか教

育学なのかによるアプローチの違いではあるが，両者に共通していることは，「学校・社会に役立つ学問」としての教育心理学への期待である。

教育心理学の定義については諸説あるが，鹿毛（2006）[4]は「教育についての心理学」であるとともに「教育のための心理学」であるという。また，無藤（2003）[5]は「教育の理論的・実証的解明を目指す」ことと「教育上の問題の解決に貢献する」ことを両立させようとする心理学であるという。いずれも心理学から派生した学問という位置づけである。そこで本著では，心理学的実証性と教育学的実践性を兼ね備えた，保育・教育現場で起こるさまざまな事象の問題解決に役立つヒントとなり得る心理学的な知見を教育心理学とよぶことにする。

2　学校を取りまく現状と課題

これまでにも不登校やいじめなど不適応行動への支援など，主に生徒指導上の課題や発達・学習支援において，教育心理学は一定の問題解決ニーズに寄与してきた（第12章参照）。一方，国際化やICT化をはじめ，これまでには起こり得なかった大規模災害への対応や学校の安全・安心な環境づくり，多種多様な障がい特性や外国籍・文化にルーツを持つ子どもやその保護者に対する支援のあり方など，新しい課題が問われ，学校園を取りまく状況は日々刻々と変化し多様化し続けている。そのような状況下において，教師の働き方改革をはじめとした学校園運営のあり方や，地域と連携した社会的な子育て支援機関としての学校のあり方などに対しても，教育心理学の知見は必要とされているだろう。

文部科学省（2023）[6]によると，小・中学校における不登校児童・生徒数は過去最大数（299,048人，前年度244,940人）となった。これをふまえて，緊急対策として国が取り組むべきことは，① 不登校の児童生徒すべての学びの場の確保，② 心の小さなSOSの早期発見，③ 情報発信の強化とした。また地方公共団体における取り組みとしては，上記①～③への具体的対応を求めた。

また，いじめの問題への対応にあたっては，「いじめの重大事案の調査に関するガイドライン」の策定が進められており，教育委員会や学校設置者に対して，学校の対応状況を適切に把握すること，および学校に対する実効性のある助言・指導を行うことを求めている。

これらの対応においても，教育心理学の知見が役立つ場合が多々ある。これからは，教育心理学者が学校・家庭・地域とさらに連携・協力しながら進める**アクション・リサーチ研究法**などによる助言・支援活動を活性化させる

アクション・リサーチ研究法
研究者と学校園教職員などが共通のテーマや教育事象・対象を共有し，問題解決を図ろうとする実践を通した研究方法。

ことによって，実践の省察から一般化可能な法則を導き出し実践の改善を図る，いわゆる「理論と実践の往還」をさらに促進させることができるようになることを願う。

5 多文化共生社会を生きる子どもを育むための教育心理学

1 多文化共生社会の定義

多文化共生の推進に関する研究会（2019）[7]によると，多文化共生とは「国籍や民族などの異なる人々が，互いの文化的なちがいを認め合い，対等な関係を築こうとしながら，地域社会の構成員として共に生きていくこと」とある。これをふまえて，総務省（2020，2021）は「地域における多文化共生推進プラン（改訂）」[8]および「多文化共生事例集（令和3年度版）」[9]を公開した。これらは，地域における外国人住民の増加・多国籍化など，地域コミュニティそのものが，急激に変化している現状に対して学校・地域が対応するための指標として策定されたものである。具体的な施策は① コミュニケーション支援，② 生活支援，③ 意識啓発と社会参画支援，④ 地域活性化の推進やグローバル化への対応，⑤ 多文化共生施策の推進体制の整備の5点である（図1-1）。

2 多文化共生社会を生きる子ども・家庭と学校支援

多文化共生社会においては，日本国内どこの地域・学校においても外国籍を持つ子どもが在籍していることは，もはや珍しいことではない。外国籍を持つ親や養育者が日本で就業し，子育てをしている家庭における保育・教育環境整備と日本語によるコミュニケーション支援は，大きな課題となっている（図1-2）。

とりわけ日本語教育は，子どもだけではなく，親や養育者と学校園教職員との間でのコミュニケーションを円滑にし，子どもの発達・学習を保障する意味においても重要である。できれば，日本語を教えるためのスキルだけではなく，子どもの心身の発達や学習，対人関係や社会適応に関する教育心理学の知見と一定のスキルを兼ね備えていることが望ましい。そのような教職員の養成も，課題の1つである。より効果的な支援や相互理解のためには，分野が異なる専門性を持つ教職員によるチーム支援も必要だろう。学校園は多文化共生社会も含めた，地域コミュニティづくりの要であり，教職員は多文化共生社会における保育・教育の推進役になり得る立場である。言葉や習慣，文化的背景の違いを互いに認め合いながら尊重し，適度な対人距離を保ちつつ相手と関わり, 対等な関係や快適な集団を構築するための知見も, 実は教育心理学の基礎知識の一部であり，日常生活や指導場面で役に立つことを願う。

地域における多文化共生施策の推進について

○ 総務省では，地方公共団体における多文化共生の推進に係る指針・計画の策定に資するため，「地域における多文化共生推進プラン」を策定しているほか，全国の多文化共生に係る取組の好事例を集めた「多文化共生事例集」を作成し，地域における多文化共生施策を促進。

地域における多文化共生推進プラン（令和２年度）

○ 外国人住民の増加・多国籍化，在留資格「特定技能」の創設，多様性・包摂性のある社会実現の動き，デジタル化の進展，気象災害の激甚化等の社会経済情勢の変化を踏まえて，令和２年９月に改訂

[具体的な施策]

（1）コミュニケーション支援
① 行政・生活情報の多言語化，相談体制の整備
② 日本語教育の推進
③ 生活オリエンテーションの実施

（2）生活支援
① 教育機会の確保
② 適正な労働環境の確保
③ 災害時の支援体制の整備
④ 医療・保険サービスの提供
⑤ 子ども・子育て及び福祉サービスの提供
⑥ 住宅確保のための支援
⑦ 感染症流行時における対応

（3）意識啓発と社会参画支援
① 多文化共生の意識啓発・醸成
② 外国人住民の社会参画支援

（4）地域活性化の推進やグローバル化への対応
① 外国人住民との連携・協働による地域活性化の推進グローバル化への対応
② 留学生の地域における就職支援

[多文化共生施策の推進体制の整備]

（1）地方公共団体の体制整備
（2）地域における各主体との連携・協働

→ 具体的な事例

多文化共生事例集（令和３年度版）

○ 改訂したプランを踏まえ，また，新型コロナウイルス感染症の拡大による外国人住民への影響等に対応している新たな取組事例を入れて，令和３年８月に公表

[主な掲載事例]　（　）は事例の数

（1）コミュニケーション支援（17）
① 一元的相談窓口の開設・運営　等（9）
② 日本語教室での日本人住民と外国人住民の交流の場の創出　等（6）
③ 生活設計支援冊子の作成　等（2）

（2）生活支援（53）
① 就学前教室　等（12）
② 技能実習生の受入環境の整備　等（9）
③ 災害時防災リーダーの養成　等（11）
④ 医療現場への「やさしい日本語」の導入と普及　等（5）
⑤ 外国人保護者とのコミュニケーション支援ツールの作成　等（7）
⑥ 多言語対応が可能な不動産業者の紹介　等（3）
⑦ 動画を活用した情報発信　等（6）

（3）意識啓発と社会参画支援（12）
① 外国人住民向けのガイドブックの作成と日本人向けのワークショップの開催　等（7）
② 多文化共生キーパーソンを活用した地域づくり　等（5）

（4）地域活性化の推進やグローバル化への対応（9）
① 観光分野における外国人住民の取組　等（4）
② 大学とハローワークとの留学生就職支援協定の締結　等（5）

（5）多文化共生施策の推進体制の整備（6）
（1）多文化共生に係る連携体制の整備　等（3）
（2）広い主体と連携した指針・計画の策定　等（3）

→ 引き続き，地域の実情を踏まえて多文化共生施策を推進するよう地方公共団体に依頼

図 1-1　地域における多文化共生施策の推進について

出典：総務省「地域における多文化共生施策の推進について」2020 年，p.4 を基に作成（https://www.bunka.go.jp/seisaku/kokugo_nihongo/kyoiku/taikai/r04/pdf/93855301_03.pdf，2024 年 3 月 10 日閲覧）

多文化共生事例集（令和 3 年度版）の概要

背景

平成 18 年 3 月：総務省において「地域における多文化共生推進プラン」を策定・周知

↓ 外国人住民の増加・多国籍化，在留資格「特定技能」の創設，多様性・包摂性のある社会実現の動き，デジタル化の進展，気象災害の激甚化などの社会経済情勢の変化

令和 2 年 9 月：総務省において「地域における多文化共生推進プラン」を改訂

当該改訂を踏まえ，また，新型コロナウイルス感染症の拡大による外国人住民への影響等の対応に伴う，多文化共生の推進に係る新たな取組事例

改訂した内容を広く周知し，地方公共団体における多文化共生施策の推進を促進することが必要

多文化共生事例集（令和 3 年度版）

（1）コミュニケーション支援（17 事例）

① 行政・生活情報の多言語化，相談体制の整備（9 事例）
- 一元的相談窓口の開設・運営
- 多言語翻訳機器を活用した多言語相談対応　など

② 日本語教育の推進（6 事例）
- 日本語教室での日本人住民と外国人住民の交流の場の創出
- ICT を活用した外国人散在地域における日本語教室の運営　など

③ 生活オリエンテーションの実施（2 事例）
- 生活設計支援冊子の作成
- 地域に出向いた生活オリエンテーションの実施

（2）生活支援（53 事例）

① 教育機会の確保（12 事例）
- 就学前教室
- 関係機関と連携した就学促進　など

② 適正な労働環境の確保（9 事例）
- 技能実習生の受入環境の整備
- 就業・定着支援　など

③ 災害時の支援体制の整備（11 事例）
- 外国人防災リーダーの養成
- 地方公共団体間の広域連携協定の締結　など

④ 医療・保健サービスの提供（5 事例）
- 医療現場への「やさしい日本語」の導入と普及
- メンタルヘルス相談，医療通訳派遣事業　など

⑤ 子ども・子育て及び福祉サービスの提供（7 事例）
- 外国人保護者とのコミュニケーション支援ツールの作成
- 外国人高齢者支援　など

⑥ 住居確保のための支援（3 事例）
- 多言語対応が可能な不動産業者の紹介　など

⑦ 感染症流行時における対応（6 事例）
- 動画を活用した情報発信
- SNS を活用した関係機関・団体との情報共有　など

（3）意識啓発と社会参画支援（12 事例）

① 多文化共生の意識啓発・醸成（7 事例）
- 外国人住民向けのガイドブックの作成と日本人向けのワークショップの開催
- 官民一体で企画・運営を行う外国人住民と日本人住民の交流イベントの開催　など

② 外国人住民の社会参画支援（5 事例）
- 多文化共生キーパーソンを活用した地域づくり
- 外国人コミュニティと地域や行政が連携して課題解決を目指す「外国人コミュニティ事業」の実施　など

（4）地域活性化の推進やグローバル化への対応（9 事例）

① 外国人住民との連携・協働による地域活性化の推進・グローバル化への対応（4 事例）
- 観光分野における外国人住民の取組
- 外国人材を活用したインバウンド誘致事業　など

② 留学生の地域における就職促進（5 事例）
- 大学とハローワークとの留学生就職支援協定の締結
- 市内企業への留学生の就職支援　など

（5）推進体制の整備等（6 事例）

① 多文化共生施策の推進体制の整備（3 事例）
- 多文化共生に係る連携体制の整備
- 広域連携による外国人相談対応　など

② 多文化共生の推進に係る指針・計画の策定（3 事例）
- 幅広い主体と連携した指針・計画の策定
- 指針・計画の策定後の評価・進捗管理　など

図 1-2　多文化共生事例集（令和 3 年度版）の概要

出典：総務省「多文化共生事例集 (令和 3 年度版) の概要」2021 年を基に作成（https://www.soumu.go.jp/main_content/000765993.pdf，2024 年 3 月 10 日閲覧）

【引用・参考文献】

1）プラトン，藤澤令夫訳，田中美智太郎編『国家（プラトン全集 11）』岩波書店，2005 年
2）アリストテレス，牛田徳子訳『政治学（西洋古典叢書）』京都大学学術出版会，2001 年
3）Ebbinghaus, H., *Abriss der psychologie*, Leipzig：Veit & Co., 1908（エビングハウス，H., 高橋 穣訳『心理学』冨山房，1912 年）
4）鹿毛雅治「教育心理学と教育実践」，鹿毛雅治編『教育心理学（朝倉心理学講座 8）』朝倉書店，2006 年
5）無藤 隆「教育心理学は何をするのか―その理念と目的」，日本教育心理学会編『教育心理学ハンドブック』有斐閣，2003 年
6）文部科学省「令和４年度 児童生徒の問題行動・不登校等生徒指導上の諸課題に関する調査結果及びこれを踏まえた緊急対策等について（通知）」2023 年（https://www.mext.go.jp/a_menu/shotou/seitoshidou/1422178_00004.htm，2024 年 3 月 10 日閲覧）
7）多文化共生の推進に関する研究会「多文化共生の推進に関する研究会報告書 2018」2019 年（https://www.soumu.go.jp/main_content/000612059.pdf，2024 年 3 月 10 日閲覧）
8）総務省「地域における多文化共生推進プラン（改訂）」2020 年（https://www.soumu.go.jp/main_content/000718717.pdf，2024 年 3 月 10 日閲覧）
9）総務省「多文化共生事例集（令和 3 年度版）」2021 年（https://www.soumu.go.jp/main_content/000765992.pdf，2024 年 3 月 10 日閲覧）

◇◇ お薦めの参考図書 ◇◇◇◇◇◇◇◇◇◇◇◇◇◇◇◇◇◇◇◇◇◇◇◇

① 無藤 隆・森 敏昭ほか『心理学［新版］』有斐閣，2018 年
② 森田健宏監，田爪宏二監編著『教育心理学（よくわかる！教職エクササイズ）』ミネルヴァ書房，2018 年
③ 梅本堯夫・大山 正ほか『心理学［第 2 版］―心のはたらきを知る（コンパクト新心理学ライブラリ）』サイエンス社，2014 年
④ 二宮克美・子安増生編『キーワードコレクション教育心理学』新曜社，2009 年
⑤ サトウタツヤ・高砂美樹『流れを読む心理学史―世界と日本の心理学［補訂版］』有斐閣，2022 年

第2章 乳児期の発達

1 人の発達とは

1 発達の定義

乳児期は，身体的な発達が目覚ましいと同時に，認知発達，言語発達，社会性と生涯にわたる基礎を培う時期である。ハイハイの赤ちゃんが1人で立てるようになること，片言だった子どもがしっかりと会話ができるようになること，身長が伸びること，これらのような「できなかったことができるようになる」ことや「生体の目に見える変化」などは発達の1つの側面である。しかし，発達とはそれだけではなく，さらに広い範囲をとらえるものであり，まとめると「受胎から始まる心身の機能の変化のことで，その変化は死を迎えるときまで続く」ことなのである。この心身の機能の変化は，量的な側面と質的な側面が挙げられる。量的な側面は数量で表すことのできる「身長」や「体重」「言葉の数」などが挙げられる。一方，質的な側面は「体型」の変化や「思考」「言葉の使い方」が複雑かつ巧みになることなど，量では表すことのできないものが挙げられる。そして，心身の機能の変化には，できなかったことができるようになる「獲得」がおこるだけではなく，加齢と共にできていたことが，できなくなっていく「喪失」も含まれる。本章では，乳児期の発達について学習する。

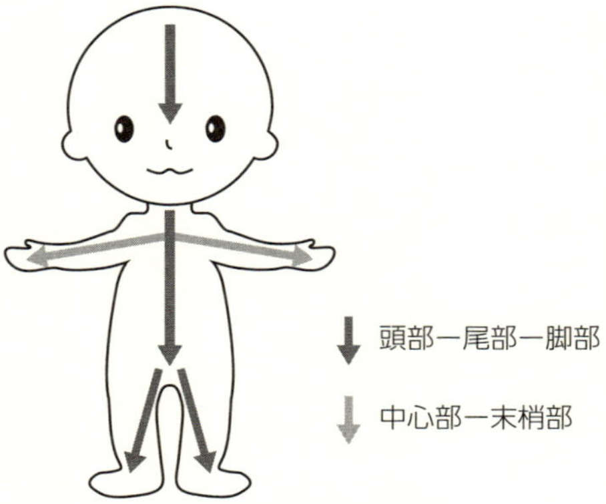

図 2-1　発達の方向性
出典：高野清純・林 邦雄編著『図説児童心理学辞典』学苑社，1975年より著者作成

2 発達の方向性と順序性

発達には一定の方向性と順序性がある。人の身体運動の発達が「頭部から尾部，そして脚部へと発達が進行する」ことと，「中心部から末梢部へと発達が進行する」ことを方向性（図 2-1）という。また順序性とは，基本的にどの人にも共通で認められる発達の一定の順序のことである（図 2-2）。そのタイミングに個人差がみられても，1つ1つの動きは誰もが同じ順序をたどっていることから分かる。活動を計画する際には，それぞれの月齢の発達の方向性や順

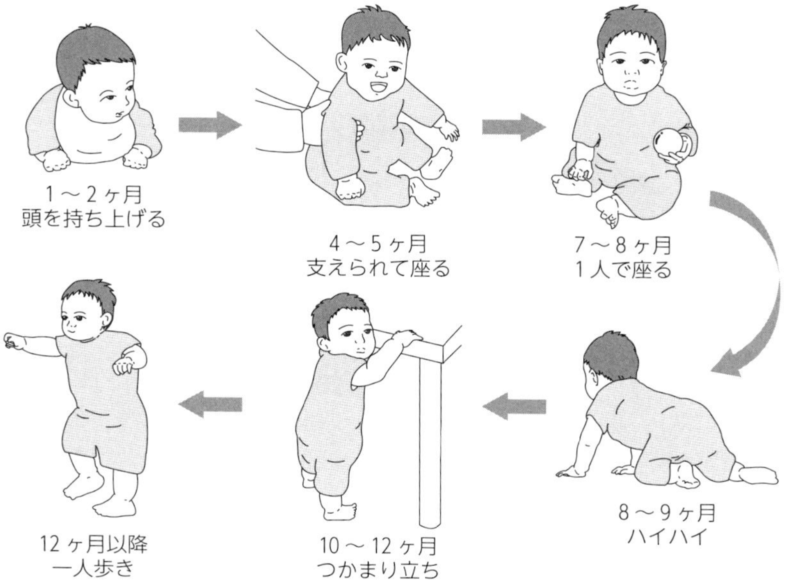

図 2-2　乳児の歩行までの発達の順序性（画：著者）

序性を理解しておかなければならない。

3　遺伝と環境

発達を規定する要因として，遺伝と環境は古くから議論されてきた。それぞれ代表的な人物として，ゲゼル（Gesell, A. L.）とワトソン（Watson, J. B.）が挙げられる。ゲゼルは，人間の発達を規定するのは遺伝であるとして，遺伝的側面の重要性（**遺伝説**）について述べている[1)]。一方，行動主義心理学者のワトソンは，人間の発達は生後の環境的要因に規定される（**環境説**）と述べている[2)]。しかし，遺伝と環境の両者は相互に作用しあっていると考える「相互作用説」が現代では一般的である。相互作用説に発展していく過程において，「**輻輳説**（ふくそうせつ）」や「**環境閾値説**」がある[3)]。では，相互作用説ではどのようにとらえられるのか。これは，遺伝と環境はそれぞれに機能するのではなく，ある遺伝要因がそれにふさわしい環境要因に出会ってこそ，発達が促されると考えられている。一方で発達は取りまく状況や文脈を含むその人自身の置かれた社会的，文化的，歴史的背景のなかでとらえることも重要である。ブロンフェンブレナー（Bronfenbrenner, U.）は，個人を取りまく周囲の環境と相互作用して人は発達すると提唱し，生態システム理論として示した（図 2-3）。年齢に応じて，上位のシステム要素が生活のなかに組み込まれていく生態学的移行が生じ，子どもは多重な環境という枠組みのなかで発達していくことを表している。

遺伝説[1)]
ゲゼルは，一卵性双生児に異なる期間の歩行訓練を行い，両者の歩行能力に差はないことを明らかにした。

環境説[2)]
嫌悪を抱く必要のないものに不快な刺激を付加し，嫌悪を引きおこす実験から明らかにされており，倫理的観点から批判を受けている。

輻輳説（ふくそうせつ）[3)]
シュテルン（Stern, W.）の遺伝と環境が加算されることによって人は発達することを示す説。

環境閾値説[3)]
ジェンセン（Jensen, A. R.）が唱えた遺伝と環境を乗算的に捉えるもので，遺伝的要因が発揮されるのに応じた環境の量や質が必要であるとする説。

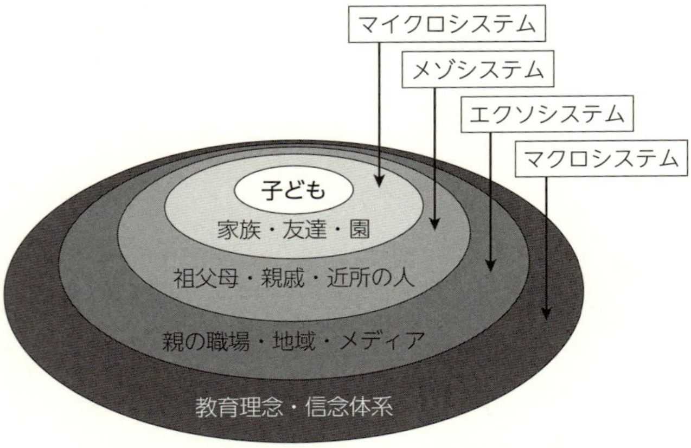

図 2-3　ブロンフェンブレナーの生態システム理論
出典：河合優年・中野 茂編著『保育の心理学』ミネルヴァ書房，2013 年を基に著者作成

2　胎児・新生児の発達

1　胎児期・新生児期とは

人は他の哺乳類と比較すると非常に未熟な状態で生まれてくる。他の哺乳類は生まれて間もなく立ちあがり，歩行を開始するのに比べ，人の子どもは生後何年もの間，大人の保護を必要とする。このような状態を「生理的早産」とよぶが，これは人が他の哺乳類よりもずっと大きな脳を持つため，歩行ができるほどの発育状態まで胎内にいると産道を通れなくなるからだといわれている。近年，胎児や新生児を含む赤ちゃんや子どもは無力な存在ではなく，さまざまな能力を持っていることが「**赤ちゃん学**」によってあきらかにされている[4)]。そのことから，保育者には子どもが他者に対して向けているメッセージをしっかりと理解できることが求められている。

赤ちゃん学
小西[4)]は新しい赤ちゃん観として，①赤ちゃんは自ら行動し，環境との相互作用する存在である，②赤ちゃんの発達は必ずしも右肩上がりではない，③赤ちゃんも1人の人間として存在を尊重すべきであると述べている。

2　胎児期の能力と新生児期の発達の関係

在胎 8 週までを胎芽期，それ以降から在胎 40 週前後で生まれるまでを胎児期という。在胎 8 週の頃は身長およそ 2.5cm，体重は 1g であるが，すでに頭と軀幹の区別がつき四肢も発生しており，人の形をしている。在胎 12 週までに各身体器官が形成され，その後は外界に生まれ出たときにすぐ適応できるように，運動，聴覚，視覚，触覚，味覚などを成熟，発達させていくのである。

（1）胎児の聴覚

聴覚は，在胎 30 週までに内耳の感覚器が完成し，血流や心音などの母体内の音が聞こえ始めている。そして母親の腹壁や羊水超しに外界の音も聞こえている[5]。このため，新生児は生後すぐから母親の声に好んで反応することができる。このことから，母親の声を胎内と外界では響きが違うものの，声のパターンやリズムによって聞き分けていると考えられている。

（2）胎児の視覚

視覚は子宮の中は光が到達しにくいため，五感の中で一番遅く発達する。在胎12週頃に眼球の動きがみられはじめ，在胎24週を過ぎると目を開けることができるようになる。在胎34週頃には網膜に血管が形成され，在胎35週には新生児と同等の視力（0.01～0.03程度）があると考えられている[5]。しかし，この視力は25～30 cmほど離れたものが見える程度である。それでも新生児は，顔を見分けられることが**ファンツ**（Fantz, R. L.）**の実験**[6]で明らかにされている。眠っている時間がほとんどである新生児でも，目覚めているときには母親としっかり目を合わせることができる。このことは，外界での母子の関係性を築いていくために大切なことである。先述した新生児の視力で見ることができる距離はわずか25～30 cmであるが，これはちょうど母親の腕に抱かれたときの母親と新生児の顔の距離である。

ファンツの実験[6]
顔の図版と顔ではないいくつかの刺激図版を生後2日以内と生後2～5日以内の乳児に見せる実験の結果，顔の図版に対しての注視時間が一番長く，人の顔に対して好みを持っていることがわかっている。

（3）胎児の運動

運動については，妊娠後期の胎児は胎動という形でさまざまな運動を母体内で行っている。それらは生後に見られる原始反射と同じような運動で，口で何かをすすり上げるような動きの「吸啜反射」や，モグモグと口を動かし飲み込むような動きの「嚥下運動」などが挙げられる。これは，生後すぐに母親から乳をもらい吸って飲み込むために必要な運動で，その準備がなされているのである。その1つである**胎児の指しゃぶり**を，エコーなどで確認できる場合もある[4]。胎児をふくむ「赤ちゃん」とは，さまざまな動きを通して，自己の身体にふれて外界で適応していくための練習をしている，非常に有能な存在であることが明らかになってきている。

胎児の指しゃぶり
この指しゃぶりは偶然的なものではなく，口元に指を持っていくことと口を開けることが同時に出現しており，自発的な動きと考えられるのである。

3　新生児に備わった能力と発達

新生児とは，生後4週までの赤ちゃんのことを表す。新生児は前項でも述べたように，さまざまな能力を胎児期に練習して，外界に誕生している。その新生児の運動の特徴として挙げられるのが「**原始反射**」で，生後すぐから出現し，発達とともに消失し，自らの意志で行う運動へと変化していくものである（表2-1）。反射とは自分の意志や意図とは関係なく身体が動いてしま

原始反射
新生児が養育者に受け身的にお世話をしてもらうだけではなく，養育者の働きかけに対して何らかの反応が出るということは，養育者にとっては子どもとのコミュニケーションを実感できることとなる。それによってさらに養育者の養育行動は引き出され，より相互に関係性を深めていくのである。

うことであるが，２つの側面があると考えられている。１つめは，「生存を自ら守る」ことである。たとえば口唇探索反射や吸啜反射は，乳をもらい栄養を摂取するための非常に有効な運動である。２つめは，中枢神経系の機能が高次化することによって消失していくもので，移動運動（ハイハイや歩行）や姿勢運動への橋渡しをする重要な役割を持っていることである。

新生児には何かをまねるような現象もみられる。「新生児模倣」とよばれ，代表的なものとして**「舌出し模倣」**がある[7]。これは，反射によっておきるものであるが，生後１～３ヶ月にピークを迎えたあと消失し，次に模倣が出現したときは意図的な模倣として行われる行動となる。

また，新生児も自発的な微笑を見せることができる。このような新生児の微笑を**「新生児微笑」**という。眠っている新生児がにっこりと笑えば，周囲の大人は微笑みを向ける。このやり取りをとおし，生後２～３ヶ月になると，**「社会的微笑」**へと発達していく。

舌出し模倣[7]
メルツォフとムーア（Melzoff, A. N. & Moore, M. K.）が行った実験で，大人が舌を出したり引っ込めたり，口の開閉や唇を突き出す行為を新生児に見せたところ，模倣できることを明らかにしている。

新生児微笑
特定の刺激や特定の人物に誘発されているものではなく，原始反射の１つでもある。

社会的微笑
大人が笑顔を向けると，乳児も笑顔で応答できるようになること。人の微笑に対しての応答の微笑である。

表 2-1 代表的な原始反射

反射の名称	みられる動き
モロー反射	四肢を大きく広げたあと，抱き着くようなしぐさをする。
原始歩行	脇を支えて立たせた乳児の足裏を床につけると，前に歩くような運動をする。生後２ヶ月頃には消失する。
口唇探索反射	口元やその近くに指が触れると，顔を動かして口をあけ，くわえようとする。
把握反射	手のひらや足裏に触れると，指をまげて物を握ろうとするしぐさ。この反射は手のひらでは生後４ヶ月頃まで，足裏では生後 10 ヶ月頃までに消失する。
ガラント反射	背中の横への刺激で体幹を刺激側に曲げる。

3 乳児の発達の姿

1 乳児期の運動と認知の発達

乳児期とは，新生児期の終了から満 12 ヶ月になるまでをいう。この時期の子どもの運動発達については本章 1 **2** の図 2-2 でも示したように，生後１年間をかけて歩行に至っていく。しかし歩行ができる運動機能に発達させるためには，自己や周囲に対しての認知発達がなければならない。運動発達と認知発達は，子どもが外界に適応して生きる存在となるための両輪であり，いずれも欠かすことのできないものである。また，運動発達と認知発達は，言語発達にも大きくかかわることである。

（1）手の運動の発達と認知の発達

子どもはものにふれたり舐めたり眺めたりすることによって，認知を発達させていく。まず，生後３ヶ月の頃は，自分の手をじっと見つめる「ハンドリガード」が盛んになり，自分の手と手を合わせて遊ぶ，合わせた手を口に入れ盛んに舐めるという行動がみられるようになる。また，生後４～５ヶ月頃になると目の前にあるものをつかめるようにもなる。そしてつかんだものを口に入れ舐めることが盛んになる。これは触れる感覚を通して身体的な自他を知る行動で，手を舐めたときの感じ方と，おもちゃを舐めたときの感じ方を通して周囲との関係性を学習している。

（2）座位と認知の発達

生後７～８ヶ月頃になると，身体的な発達としては一人座りができるようになり，仰臥位や伏臥位よりもさらに手を自由に使えるようになる。舐めたり眺めたりするだけでなく，ものとものを打ちつけたり，投げたりといった運動もできるようになり，ものと自分との関係性の世界をさらに広げていく。

2　乳児期の言葉の発達と社会性

乳児期はまだ言葉を話すことができないが，言葉を話すための大切な準備期間である。子どもは人への志向性をもっており，生まれたばかりでも母親の声を聴き分けて反応することができるといわれていることは，本章 2 2 で述べた通りである。子どもは言葉を話す以前から，言葉を芽生えさせるための体験をしている。

（1）乳児の前言語発達

子どもは，生後１～２ヶ月で他者と目を合わせることに意味があることをわかり始めている。手足を動かしたり，さまざまな声を出すことを通して積極的に周囲に働きかけている。社会的微笑の出現する生後３ヶ月頃の子どもは，１人で機嫌が良さようにしていても，養育者と目が合うと途端に「こっちに来て」と泣き出すような甘えた声を出し始めることがある。この頃の音声は，クーイングと笑い声が中心で，その後６ヶ月頃まで，自分の出せる音声を感覚遊びのなかで繰り返しさまざまに表出し，真の喃語へと移行していく。生後６ヶ月以降となると，「バババ」や「ナナナ」のような音の繰り返しの含まれる，乳児特有の音声である「喃語」が出現する。喃語はこのあと少しずつ姿を変えながら，子ども自身が所属する社会で一般的な言語を話す準備を整えていく。さらに，生後 10 ヶ月以降になると，会話様喃語が出現し，

ジャーゴン
母国語に似たイントネーションを持つ音声で，文を話しているようにも聞こえる音声のこと。

これは**ジャーゴン**ともよばれている[8)]。

(2) 乳児の言語発達の支援システム

自分と養育者とのやり取りのなかで子どもは，二項関係でのやり取りを楽しみ，認知を拡げていく。生後7～8ヶ月の頃には，自分に対して向けられる養育者の声掛けの意味に気付き，ものに向かいつつも周囲の大人の反応を気にする様子も見られ始める。これは「行為の共同化」といい，自分のものへの行為を見ている大人の反応に，さらに子どもからも反応するというコミュニケーションなのである。生後9～10ヶ月頃になると，養育者とものを介して遊ぶことができるようになる。「ちょうだい」といわれるとおもちゃを手渡したり，「どうぞ」といわれおもちゃを受け取る，またおもちゃが欲しければ，欲しいことを声で伝えようとしたりすることもできるようになる。このような「もの」と「自分」と「相手」という3つの関係でのやり取りのことを**三項関係**という。三項関係は前言語期の子どものコミュニケーションで多用される指さしや**共同注意**，言葉の理解と産出に深く結びついている行

三項関係
そこに対象があることを「共有」したいという，人固有のコミュニケーション行動。

共同注意
子どもが養育者と同じ対象に注意を向けることで，お互いに相手が何を見ているのかを同定し，お互いに知っていることが条件である。

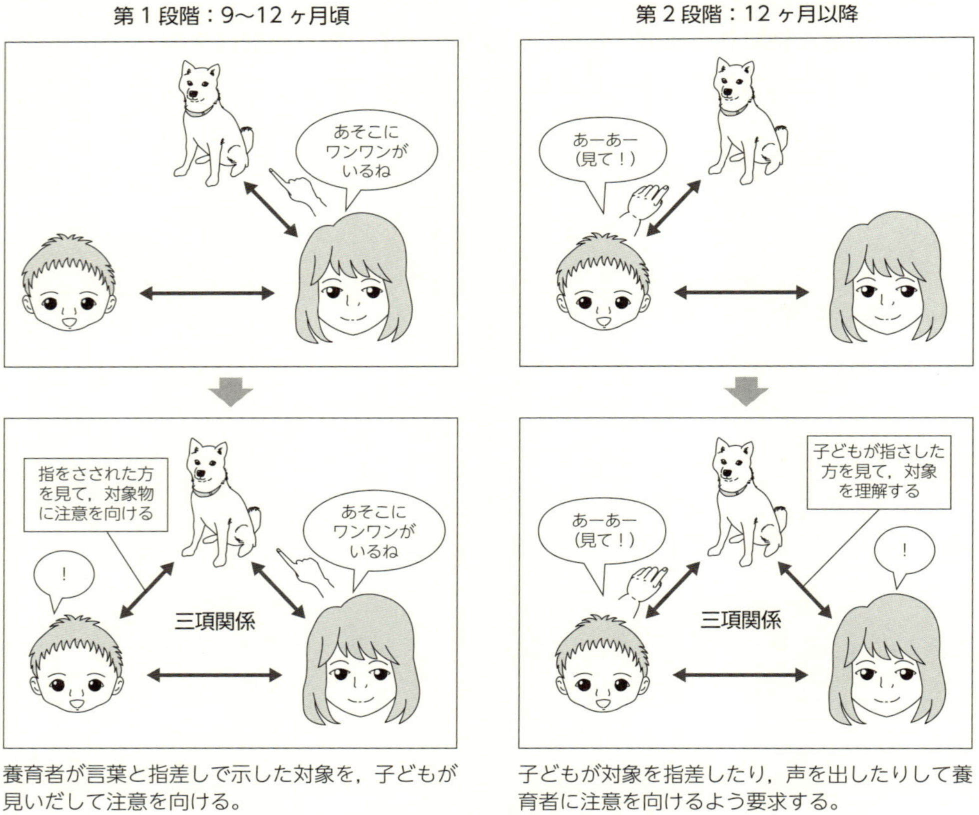

図2-4 三項関係における共同注意の発達（画：著者）

動である[9]。とくに共同注意（図 2-4）は言語の発達支援システムともいわれ重要である。また共同注意と並び「**社会的参照**」も見られはじめる[9]。

社会的参照
何かをする前に養育者を見てやっても良いことを確認したり，自分が別のものを見ていても，養育者が言葉を発して違う方向を見ていると，その視線の先を同定して自分も見たりすること。

（３）乳児と養育者の愛着の形成

本章 3 **2** で述べたように，乳児期の子どもは明確な言葉は話せなくとも，周囲の人と積極的に働きかけ合う存在である。乳児期の周囲の人とは，主に養育者であり，子どもは養育者が自分の世話をしてくれる人であり，そうではない人と区別をつけることができる。このような特定の人との間に形成される情緒的な結びつきを愛着（アタッチメント）という。愛着を概念から理論へと作り上げたのはボウルビィ（Bowlby, J.）である。彼は，養育者と子どもとの間で日々繰り返される微笑や，泣き，発声，それらに対する抱っこや語りかけといった相互に繰り返される反応を愛着行動とよび，これによって愛着が形成されていくと説明している。そして，愛着の発達段階を４段階で示している。まず，第１段階は生後０～１，２ヶ月頃で，特定の相手を限定せず，愛着行動を示す。第２段階は生後２，３ヶ月～６ヶ月頃で第１段階での行動がかなり特定の相手にだけ向けられるようになる。第３段階は生後６，７ヶ月～１，２歳頃で明確に特定の養育者に対して愛着行動が向けられるようになり，この頃は人見知りや後追いも激しくなっていく。第４段階は３歳以降で，愛着対象を心のなかでイメージできるようになっていく。

愛着のあり方には個人差があることが，エインズワース（Ainsworth, M. D. S.）によって明らかにされている。個人差がみられるのは，子どもの示す愛着行動への養育者のかかわり方が大きな要因だと考えられているが，実際には，養育者のかかわりだけでなく，子ども自身の気質や，気質で引き寄せられた体験の違いにもよると考えられている。

【引用・参考文献】

１）無藤 隆・中坪史典ほか編著『発達心理学』ミネルヴァ書房，2010 年
２）北尾倫彦・中島 実ほか『グラフィック心理学』サイエンス社，1997 年
３）本郷一夫編著『発達心理学―保育・教育に活かす子どもの理解』建帛社，2007 年
４）小西行郎『赤ちゃんと脳科学』集英社，2003 年
５）無藤 隆・岡本祐子ほか編著『よくわかる発達心理学［第２版］』ミネルヴァ書房，2009 年
６）Fantz, R. L., “Pattern Vision in Newborn Infants” *Sciense*, 140, 1963, pp. 296-297
７）Meltzoff, A. N. and Moore, M. K., “Imitation of Facial and Manual Gestures by Human Neonates” *Science*, 198, 1977, pp. 75-78
８）小椋たみ子・小山 正ほか『乳幼児期のことばの発達とその遅れ―保育・発達を学ぶ人のための基礎知識』ミネルヴァ書房，2015 年
９）河合優年・中野 茂編著『保育の心理学』ミネルヴァ書房，2013 年

◇◇ お薦めの参考図書 ◇◇◇◇◇◇◇◇◇◇◇◇◇◇◇◇◇◇◇◇◇◇◇◇◇◇◇◇

① 小西行郎『赤ちゃんと脳科学』集英社，2003 年

② 大芦 治『心理学をつくった実験 30』筑摩書房，2023 年

③ 三池輝久・上野有理ほか『赤ちゃん学で理解する乳児の発達と保育 第 1 巻―睡眠・食事・生活の基本』中央法規出版，2016 年

④ 小西行郎・小西 薫ほか『赤ちゃん学で理解する乳児の発達と保育 第 2 巻―運動・遊び・音楽』中央法規出版，2017 年

⑤ 小椋たみ子・遠藤利彦ほか『赤ちゃん学で理解する乳児の発達と保育 第 3 巻―言葉・非認知的な心・学ぶ力』中央法規出版，2019 年

第3章 幼児期の発達

1 幼児期の姿

1 身体発達から見る幼児の姿

1歳から小学校に入学する6歳頃までの子どもの身体は急速に発達する。身長は，1歳6ヶ月では男児平均80.6 cm，女児平均79.2 cmであり，5歳6ヶ月では男児平均111.4 cm，女児平均110.5 cmと大きく伸びる1)。体重は，1歳6ヶ月では男児平均8.0 kg，女児平均7.5 kgであり，5歳6ヶ月では男児平均18.9 kg，女児平均18.6 kgと急速に増加する1)。この時期の子どもは身体の発育に伴い，身体機能が発達し，起床・着替え・食事・はみがき・トイレ・入眠など基本的生活習慣を身につけていく。

2 運動発達から見る幼児の姿

個人差はあるが，1歳を過ぎる頃から歩行が始まり，1歳6ヶ月を過ぎるとジャンプしたり走ったりする姿が見られる。3歳頃になると片足立ちができ，なわとび遊びなどを楽しむ姿が見られる。4歳頃になるとケンケンができるようになり，運動の時間に平均台を取り入れると渡ることができる。5～6歳になるとブランコやジャングルジムで活発に遊ぶ姿が見られる。

3 言語発達から見る幼児の姿

個人差はあるが，満1歳頃になると，**喃語**を発していた子どもから**初語**をはじめとする意味のある単語が聞かれるようになる。たとえば，「まんま」「わんわん」などの一語文を指す。2歳6ヶ月頃になると，「まんま・ちょうだい」「わんわん・きた」のように意味のある言葉が続く二語文を話し始める。その後は，模倣が増え語彙が急速に増し，3～4歳頃には「だから」「そして」など接続詞を使っておとなと会話する姿が見られる。5～6歳頃になると，言葉をコミュニケーションのツールとして使いこなせるようになり，子ども同士の話し合いでケンカの解決をしようとする姿も見られる。こうして子どもは**母語**習得の達成期を迎える。しかしながら，言語の習得は社会生活のなかで育まれるため，子どもを放っておいて習得できるものではない。子

喃語
「バババ」「バブバブ」「ダダダ」など，同じ音を繰り返す言語。

初語
「マンマ」「ブーブー」など，意味をもつ言語。

母語
幼児が生活のなかで自然に習得する言語。

どもと保育者が経験をともにしながら，保育者が子どもの代弁者となり言葉を発したり，保育者が「先生は嬉しいよ」など子どもへ気持ちを伝えたり，日々対話し感受性を育むことが大切である。

養護
子どもが安定した生活と充実した活動ができるようにするために，子どもの状況に応じて保育士が適切に行う。

教育
子どもが身につけることが望まれる心情，意欲，態度について，5領域（健康，人間関係，環境，言葉，表現）のねらいを達成するために，子どもの自発的，主体的な活動を保育士が援助する。

安全基地
子どもが不安や恐怖を感じたときに，情緒の安定を与えてくれる場所。

愛着
特定の人と結ぶ情緒的な絆（特定の人は親だけではない）。

ピアジェ
(1896-1980)
スイスの発達心理学者で認知発達の研究者。子どもの言語，数や量の概念などの研究を行った。

表象機能
1歳6ヶ月頃に獲得する機能で，見たものを時間が経過したあとも模倣することができる。

アニミズム
生命がないものに生命感を感じること。

4　保育者の役割

保育所保育指針解説[2)]（第2章の2）・幼保連携型認定こども園教育・保育要領解説[3)]（第2章第3節）において，1歳以上3歳未満の保育に関するねらい及び内容が明記されている。さらに，保育所保育指針解説（第2章の3）・幼保連携型認定こども園教育・保育要領解説（第2章第4節）・幼稚園教育要領解説[4)]（第2章）において，3歳以上の教育及び保育に関するねらい及び内容が明記されている。これらは，**養護**と**教育**の一体化[5)]を促進し，すべての子どもたちに「教育的環境」を作ることを目的に2018（平成30）年にトリプル改訂された。つまり，保育者は施設形態に関わらず，同じねらい及び内容を理解し，子どもの発達段階に寄り添い，その時期にふさわしいねらいを持って子どもと関わり合うのだ。

乳児期に1対1の信頼関係（愛着形成）を十分に築いた子どもは，安全基地を獲得する。**安全基地**と**愛着**形成を獲得した子どもは，徐々に，1対1の個の関係性から集団の関係性へと移行していく。この移行期において，保育者の個々の子どもの発達段階に寄り添った応答的な関わり（代弁）は非常に重要である。どのように子どもに寄り添うか，どうのように代弁するか，どのような経験が子どもに必要なのか，保育者は日々試行錯誤しながら省察し研鑽することが大切である。

2　認 知 の 発 達

1　ピアジェの認知発達理論

ピアジェ（Piaget, J.）は，この時期を前操作期とし2～7歳頃までの時期をいう（表3-1）。2歳を過ぎた頃から**表象機能**に加え，象徴機能が発達し，現実にはないものを他のものに置き換えて表現する遊びが発達する。具体的には「ごっこ」遊びや「ふり」遊びなどがさかんに見られるようになる。その後4歳頃になると直感的思考が発達し推論することが可能になる。たとえば，子どもが「もし，私がいなくなったら悲しい？」といった質問を保育者に投げかけてくるなどである。しかし，この時期の子どもは自己中心性が特徴であり，自分の立場ですべてを判断するため，他者の立場にたって判断することはまだできない。さらに，生命がないものに生命感を感じる**アニミズ**

表 3-1　ピアジェの認知発達段階

段　階	特　徴
① 感覚運動期 （誕生～2歳）	〈自己と物を区別する〉 例：ガラガラを振って音を出す 機能：表象機能
② 前操作期 （2～7歳）	〈言葉を使って，イメージや単語によって物を表象することを学習する〉 例：赤い積み木すべてを形に関係なく集める，または，色に関係なく四角の積み木を集める 機能：象徴機能 特徴：自己中心的 思考：直感的思考の発達
③ 具体的操作期 （7～11歳）	〈対象物や出来事を論理的に思考することが可能となる〉 例：いくつかの特徴によって対象を分類することができる 概念：数の概念（6歳）獲得 量の概念（7歳）獲得 重さの概念（9歳）獲得 思考：論理的思考の発達
④ 形成的操作期 （11歳以上）	〈抽象的な命題を論理的に思考し，仮説をたてて，系統的に検証することができるようになる〉

出典：内田一成『ヒルガードの心理学』金剛出版，2017年，p. 103より著者作成

ム[6)]の思考が混在していることが特徴で，雨上がりに散歩をすると，濡れている車を見て「車さんが泣いているね」といった発話をする。

2　保育者の役割

子どもの認知の発達段階を理解し，寄り添いながら発達を促す関わりが非常に重要な時期である。たとえば，おもちゃの取り合いの場面では，2～3歳の子どもに対して保育者はお互いの気持ちに寄り添った言葉かけをし，双方の気持ちを保育者が代弁する。おもちゃを貸せない子どもには「このおもちゃが大好きなんだね」と気持ちに寄り添う代弁をする。その次に，「○○さんも大好きだから，一緒に遊ぼうね」と，貸せない気持ちに寄り添いながら，「貸す」行動変容を促す言葉も代弁する。つまり，子どもの貸せないという気持ちに寄り添うことを忘れず，そのうえでおもちゃを貸すこと，借りることの行為を促すのだ。そして，子どもが4歳頃になると保育者の役割は代弁者から仲立ち役と変容することが好ましい。子どもが推論することが可能になると，保育者は「おもちゃを貸してほしいときに，貸してもらえなかったら，どんな気持ちになるかな？」と相手の気持ちを推しはかるといった経験を促し，子ども同士が取り合いをした結果，お互いがどのような気持ちになったか，子ども同士で確かめ合い伝え合えるよう見守り，必要に応じた仲立ち役になるのである。

3 社会性の発達

1　ヴィゴツキーの社会文化的アプローチ

ヴィゴツキー
(1896-1934)
　ロシアの心理学者。子どもの思考と言語の発達に関する研究，内言の研究などを行った。

ヴィゴツキー（Vygotsky, L. S.）は，人に伝えるための道具として働く言葉を「外言（がいげん）」，人の内側で思考するための道具として働く言葉を「内言（ないげん）」とした。そのため，子どもが最初に習得するのは「外言」であり，社会生活のなかで発達するとともに「外言」が「内言」へ分化し無音化すると考えた。そのため，幼児期は，「外言」から「内言」への過渡期であるため，「独り言」（音声のある内言をいう）が発せられると主張している[7]。

2　エリクソンの心理社会的発達理論

エリクソン
(1902-1994)
　アメリカの発達心理学者。ライフサイクル理論において自我発達を8つに分類し，生涯発達理論を提唱した。

エリクソン（Erikson, E. H.）のライフサイクル理論では，8つの発達段階における心理社会的課題と危機が示されている。乳児期（0歳）では【基本的信頼 vs 基本的不信】，幼児期前期（1～3歳）では【自立 vs 恥と疑惑】，幼児期後期（4～6歳）では【自主性 vs 罪の意識】である。それぞれの発達段階において，危機を経験しながらも心理社会的課題を乗り越えることで，乳児期（0歳）は「希望」，幼児期前期（1～3歳）は「意思」，幼児期後期（4～6歳）は「目的」を獲得する（表3-2）。「意思」を獲得する2～3歳頃は「いやいや期」「第一反抗期」などとよばれるが，子どもにとって，自らの足で歩きぶらぶらと世の中を探索する大切な発達のステージといえる。自立の課題を乗り越え「意思」を獲得すると，自主性の課題を乗り越え「目的」をもって行動する姿が見られるようになる。

表3-2　発達課題に見るパーソナリティの土台の段階

	構成要素1	構成要素2	構成要素3
1歳頃	**基本的信頼（希望）**		
2～3歳頃	獲得後の基本的信頼	**自立（意思）**	
4～5歳頃	獲得後の基本的信頼	獲得後の自立	**自主性（目的）**

出典：エリク・H・エリクソン，西平 直・中島由恵訳『アイデンティティとライフサイクル』誠信書房，2011年，p. 49より著者作成

3　心 の 理 論

心の理論は，欲求・知覚・信念・知識・思考・意図・感情などの基本的な精神状態についての子どもの理解[8]をいい，生後1歳6ヶ月から見られ始め，4～5歳頃までに獲得される。子安（2016）によると，こころの理論の発達

は言語能力の発達を前提にしており，絵本をはじめとする，さまざまな「物語」を通じて多様な人間関係のあり方を教えることが重要である[9]。

4　パーテンの遊びの発達

パーテン（Parten, M. B.）は，子どもの自由遊びの時間を観察して，遊びの段階を，何もしていない状態・傍観・ひとり遊び・平行遊び・連合遊び・協同遊びの6つに分類した（表3-3）。子どもは遊ぶことで**向社会性**を育む。保育者は，発達段階に寄り添った関わりにより，子どもが社会性を育む課程において手助け役となる。

パーテン
(1902-1970)
アメリカの発達心理学者。子どもの遊びの発達を6つの段階に捉えた。

向社会性
相手の気持ちを理解して，共感し，相手の気持ちを優先させようとする心情や行動。

マザリーズ
養育者が，概ね2歳未満の子どもに話しかける際のやや高めの声のトーンによるゆったりとした語りの特徴。

表3-3　遊びの発達

遊びの発達	子どもの様子	保育者の関わり
何もしていない状態	周囲に興味を示さず，物をいじったりぼんやりしたりする。	見守りのまなざしと**マザリーズ**での声掛けをする。
傍観	他児の遊びをそばで見ているが，加わろうとしない。	見守りのまなざしと子どもの代弁者となる。
ひとり遊び	他児がそばにいても関わらず，1人で遊ぶことに満足している。	子どもが集中して遊んでいるときは，集中力が育まれているため，見守ることも必要。
平行遊び（2～3歳）	同じように遊んでいるように見えるが，それぞれ独立していて，互いに関わりをもたない。	お互いを気にしている様子が見られたら，「一緒に遊ぼう」と状況にあった言葉をかけて，仲間に加わる姿をみせる（模倣による学び）。
連合遊び（3～4歳）	他児と1つの遊びをして，おもちゃの貸し借りなどの関わりはあるが，やりたいようにやっていて役割分担などはない。	物の取り合いや，競争心が芽生え，ケンカが多くなるため，他者の気持ちを考える経験を促す。
協同遊び（5～6歳）	リーダーが現れ，共通した目的をもって遊ぶ。ルールに沿って遊びが組織化され，役割分担ができる。	自己発揮や自己抑制を経験する機会と捉え，仲間関係を育む。とくに子どもたちで解決する経験を大切にする。

出典：Parten, M. B., "Social participation among pre-school children" *Journal of Abnormal and Social Psychology*, 27, 1932, pp. 243-269，堀野 緑・濱口佳和ほか編著『子どものパーソナリティと社会性の発達』北大路書房，2000年，pp. 135-136，石上浩美・矢野 正編著『教育心理学』嵯峨野書院，2016年，p. 9より著者作成

5　保育者の役割

保育者は，発達心理学の理論を理解し応用することにより，子どもの発達に寄り添った質の高い保育が可能となるだろう。幼児期の人間関係において育まれる**非認知能力（社会情動的スキル）**は，その後の人格形成やコミュニケーション力の土台となり，子どもの健やかな成長を促進する。そのためには，保育者自身も，こころの理論をもち，日々の保育について省察を重ねながら真摯に子どもに向き合うことを忘れてはならない。

非認知能力（社会情動的スキル）
OECDによると，長期的な目標の達成・他者との協同・感情の管理の3つの側面から成るもの[10]。

4 保幼小接続と連携

1 小 1 の 壁

共働き家庭の増加に伴う保育所の待機児童問題と同じく，子どもが小学校に入学する際に放課後児童クラブの待機児童問題が生じる。「**小１の壁**」の打破は喫緊の課題である[11]。小学校入学は６歳児にとって大きなライフイベントであり，環境の変化のなかで自らの情緒の安定を維持することへ大きなエネルギーを注ぐ。社会における切れ目ない子どもの安全な居場所確保はもちろん，子育て世帯が「小１の壁」問題に早期に気付き見通しを立てることが，子どもの健やかな成長のために欠かせない。そのため，この時期の親子への適切な情報提供やメンタルケアが必要であろう。

小１の壁
子どもが小学校に入学する際に，保育所の延長保育などが活用できなくなり，親の働き方の変更を迫られ，その結果さまざまな障壁が生じる。

2 保育者の役割

近年，保育現場では子どもの**発達障がい**に関する正しい知識がますます必要となっている。保育者のまなざしは，子どもの発達障がいを見つけて見張ることではなく，子どもの大好きを一緒に見つけて見守るものでありたい。そのうえで，子どもの生まれながらの思考の癖や，環境との相互作用によって生じた行動について観察し，小学校に入学する前に必要な準備について，適切な知見を提供することが望まれる。保育者が子どもの健やかな発達に寄り添うためには，子どもの発達障がいについての知識と**発達的視点**[13]をもつことが重要となるのだ。このように保育者は，次のライフステージで子どもが笑顔で伸びようとしていく方向へ手助けをする役割を担う。小学校入学にむけて，子どもを真ん中にして，保護者と保育者が対話を深めていくことが大切であろう。

発達障がい
神経発達症と表記される[12]，脳の機能的な問題により，日常生活・学業などにおける困難さがみられる状態をいう。

発達的視点
１人１人の，多様性・個別性・具体性を理解したうえで支援や関わりを志す。

【引用・参考文献】

１）厚生労働省「乳幼児身体発育調査 Ⅱ調査結果の概要」2010 年（https://www.mhlw.go.jp/toukei/list/dl/73-22-01.pdf，2024 年２月 18 日閲覧）
２）厚生労働省編『保育所保育指針解説〈平成 30 年３月〉』フレーベル館，2018 年，pp. 121–181, pp. 182–284
３）内閣府・文部科学省・厚生労働省『幼保連携型認定こども園教育・保育要領解説〈平成 30 年３月〉』フレーベル館，2018 年，pp. 180–221, pp. 222–301
４）文部科学省『幼稚園教育要領解説〈平成 30 年３月〉』フレーベル館，2018 年，pp. 141–259
５）厚生労働省「「養護」と「教育」の一体的提供について」2007 年（https://www.mhlw.go.jp/shingi/2007/03/dl/s0327-8e.pdf，2024 年２月 18 日閲覧）
６）本郷一夫・田爪宏二編著『認知発達とその支援』ミネルヴァ書房，2018 年，p. 37
７）ヴィゴツキー，L. S.，柴田義松訳『思考と言語［新訳版］』読売書社，2001 年，pp. 387–

388
8）内田一成監訳『ヒルガードの心理学』金剛出版，2015 年，p. 103，p. 951
9）子安増生編著『「心の理論」から学ぶ発達の基礎』ミネルヴァ書房，2016 年，p. 13
10）経済協力開発機構（OECD）編著『社会情動的スキル』明石書店，2018 年，p. 52
11）こども家庭庁「放課後児童対策に関する二省庁会議」2023 年（https://www.cfa.go.jp/assets/contents/node/basic_page/field_ref_resources/5b44b7e1-24f1-4781-acd5-f94bb185d82d/0ff20bfc/20230401_councils_houkagojidoutaisaku_5b44b7e1_03.pdf, 2024 年 2 月 18 日閲覧）
12）髙橋三郎・大野 裕監訳『DSM-5-TR 精神疾患の分類と診断の手引』医学書院，2023 年，pp. 21-45
13）西本絹子・藤﨑眞知代編著『臨床発達支援の専門性』ミネルヴァ書房，2018 年，pp. 126-127

◇◇ お薦め参考図書 ◇◇◇◇◇◇◇◇◇◇◇◇◇◇◇◇◇◇◇◇◇◇◇◇◇◇◇

① 内山伊知郎・青山謙二郎・田中あゆみ『子どものこころを育む発達科学』北大路書房，2008 年
② 柏崎秀子編著『発達・学習の心理学』北樹出版，2010 年
③ ホルツマン，L., 茂呂雄二訳『遊ぶヴィゴツキー』新曜社，2014 年
④ 川田 学『保育的発達論のはじまり』ひとなる書房，2019 年

第4章 児童期から思春期の発達

1 子どもから青年へ

幼児期を抜けた児童期は，およそ6～12歳までの時期を指す。この時期は小学校に在学していることから，学童期ともよばれている。児童期は幼児期と比較すると身体的にはゆるやかに成長するが，運動能力や学習能力が向上する。認知的には，筋道を立てて考えるといった論理的な思考が可能になり，言語能力も発達していく。また，友人との関係が強化されることから仲間意識は強くなり，自己に対する意識も高まっていく。同じ小学生でも，低学年（1～2年生），中学年（3～4年生），高学年（5～6年生）とでは，心身の発達の特徴は異なる。

第二次性徴
男女の身体的特徴を指す（生殖器の違いは含まない）。身長の伸びなどの形態的発達（量的な発達）と性的成熟（質的な発達）がある。

第二反抗期
他者に依存することなく，心理的に独立していく過程でおこる，親や社会的権威などに対する反発。

身体の発達には個人差があるが，**第二次性徴**が始まる小学校高学年からその成長が終わる高校生にかけての時期を思春期とみなすことが多い。この時期は身体的な発達が著しく，性機能も成熟していく。身体的発達の経験は心理面にも大きく影響し，親への依存や親密さから分離し，自己を確立しようとするが，この過程において，社会や親との対立を生むことがある（**第二反抗期**）。この時期は，子どもでもなく大人でもない過渡的な状況にあり，本人に対する社会の対応が大きく変化する時期でもあることから，精神的に不安定になりやすい状況にあるといえる。

児童期から思春期にかけては，身体的，認知的，社会的な成長と変化が著しい時期である。教師は，子どもの発達を理解し，その発達段階をふまえた適切な指導とサポートを行うことが求められる。

2 身体機能の発達

1 児童期の発達

児童期の身体的な発達は，幼児期に比べて急速な成長は見られないものの，ゆるやかで着実に成長していく。男子よりも女子の方が早めに発達する傾向がみられ，9～11歳（小学校4～6年生）にかけて男子を上回るようになる（図4-1，4-2）。また，走ったり，跳んだりといった運動能力にも向上がみら

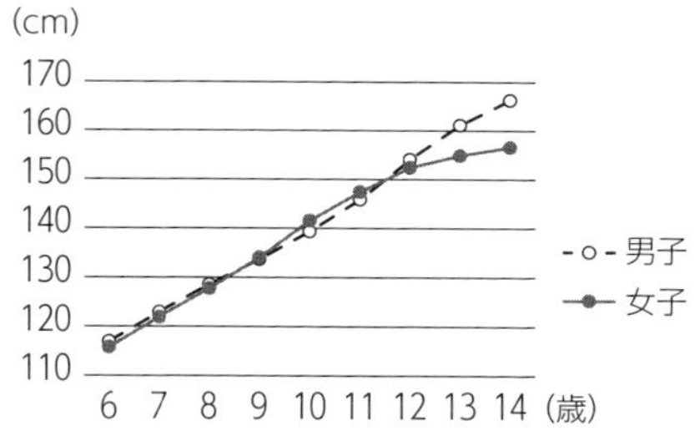

図 4-1　身長の変化

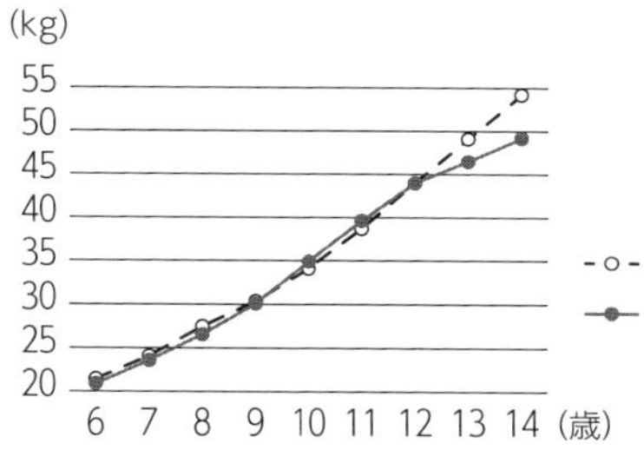

図 4-2　体重の変化

上記 2 図の出典：スポーツ庁「令和 3 年度 体力・運動能力調査報告書」2022 年，p. 60 に基づいて作図 (https://www.mext.go.jp/sports/content/20221011-spt_kensport01-000025410_6.pdf，2023 年 12 月 1 日閲覧)

れ，体力・運動能力の指標となる新体力テストにおいて，小学生の合計点は男女ともに急激に向上している（スポーツ庁，2022)[1]。高学年では，ゲーム性の高いスポーツ活動もできるようになっていく。

2　思春期の発達

個人差は大きいが，思春期は身体の量的変化が顕著になる。また，性ホルモンの分泌が活発になるにともない，女子では乳房が発達して初潮が始まり，男子では声変わりや精通の発生がみられる。このような第二次性徴が始まるにともない**生殖能力**も発達していくことから，質的な変化もみられる。性的成熟の出現は女子の方が早く，性的成熟の受容に困難を示す割合は男子よりも女子の方が高いなどの性別による相違もみられる[2]。また，1960 年代に比べて現在の初潮は早まっているなど，世代差もみられる[3]。現在の思春期は，大人でも子どもでもない不安定な期間の長期化と**発達加速**による身体の変化から，心身における不安定な様相が長期にわたっていると考えられる。

思春期の身体変化や性的成熟は個人差が大きく，発達の早さがその変化の受容に影響することが指摘されており，早熟者と晩熟者はリスクが高くなる[4]。身体的変化や性的成熟に関する悩みは相談しにくいことも多いことから，すべての子どもにとって相談しやすい場を作るとともに，発達に合わせて自分自身におこる変化を理解できるように援助することも，教師の大切な役割の 1 つといえる。

生殖能力
子どもを作る能力を指す。一般的に女性の生殖能力のピークは 20 代後半とされており，その後徐々に低下していく。

発達加速
世代が新しくなるにつれ，身体の発達が促進される現象。現代では，日本を含む先進諸国において，発達加速の程度はゆるやかになっている[2]。

3　認知機能の発達

児童期から思春期にかけて，認知機能は顕著に発達していく。この時期は，抽象的思考能力が向上して論理的思考が可能となる。認知機能の発達は，教育や社会的経験によっても促され，個人差が存在する。

1　ピアジェの認知発達論から見る認知機能の発達

ピアジェ
スイスの心理学者。乳児期からの子どもの認知発達に関する理論を構築し，その後の発達心理学に影響を与えた。

ピアジェ（Piaget, J.）は子どもの認知発達を研究し，その過程をいくつかの発達段階に区分して示しているが，感覚運動的段階，前操作的思考，具体的操作，形式的操作の４段階区分が一般的に知られている。児童期から思春期は，具体的操作，形式的操作の段階に相当する。具体的操作の段階では，幼児期の自己中心性から脱却し，物の外見に左右されることなく，具体的な物事を系統立てて整理し，それに基づいて論理的に考えることができるようになる。たとえば，同じ形で同じ大きさの３種類の金属Ａ・Ｂ・Ｃがあり，Ｂ＞Ａ，Ａ＞Ｃであることが確認できれば，ＢとＣを直接比べなくても，Ｂ＞Ｃであるとその関係について推論することができるようになる。

形式的操作の段階になれば，具体的な事物から開放され，思考は形式的で高度な論理性を持ち，組織的で象徴的な様式となる。言語や記号の上だけで論理的に思考することができるようになるため，抽象的推論や論理的推論が可能になり，可能性について考えることもできるようになる。たとえば，先ほどの金属Ａ・Ｂ・Ｃの問題において，「ＢはＡより重く，ＡはＣより重いとしたら，ＢとＣはどちらが重いか」のような推論の前提となる関係を仮説として与えられると，確認しなくても，その関係について推論することができるようになる[5)]。

演繹（えんえき）
認知システムがそのシステムの内在的関係（論理）に基づいてある結論（判断）を導くことができるようになったとき，そのシステムは演繹的といわれる[5)]。

具体的操作の段階における思考は現実に中心化しており，現実を越えることはできないが，形式的操作の段階では，現実を越えた可能性の世界から現実を考察できるようになる（表4-1）。このような抽象的な思考は突然に生じるわけではなく，具体的な経験から論理的に**演繹**（えんえき）したり，日常生活をもとに仮説に基づいて考えたりするなどして，徐々に身についていくのである。段階の移行には個人差があり，みなが同じ時期に移行するわけではないが，具体的操作が幼児と児童を分ける段階とすれば，形式的操作は児童と青年，子どもと大人を分ける段階といえる。

表4-1　具体的操作段階と形式的操作段階の問題例

発達段階	問　題　例
具体的操作	30円のえんぴつ１本と，60円のけしゴム１こをかいました。あわせていくらになるでしょう。（小学校１年生の算数）
形式的操作	Ａ円の鉛筆をＸ本と，Ｂ円の消しゴムをＹ個購入したときの代金を，文字を使った式で表しなさい。（中学校１年生の数学）

リテラシー
リテラシー（literacy）とは読み書き能力のことを指す。現在では汎用性が高くなっており，ITリテラシーや金融リテラシーなど，広い分野で使用されている。

2　リテラシーの発達

児童期から獲得される重要な知的技能の１つに**リテラシー**がある。現在，多くの子どもたちは入学前にひらがな清濁音を読むことができるようになっている[6)]。小学校から文字の系統立てた指導が始まり，小学校３年生頃には文を読むための基本的なスキルは習得される[7)]。小学校高学年以降の読みは**黙読が中心**となり[8)]，読書を通してさまざまな情報を得て，認識する世界は広がりを見せていく。児童期に獲得される読み書き技能を基礎にして，抽象的な概念の理解や批判的思考が可能になっていく。リテラシーは単なる読み書きに留まらず，知識を獲得して社会に参加し，自己表現をするという意味においても重要である。

黙読が中心
低学年における文章の読みはほぼ音読だが，小学校４年生以降，情報を得たり考えたりするための読みはもっぱら黙読となる。

現在，インターネットの普及により，幼少期から大量の情報に触れる機会が増加している。インターネット上の膨大な情報を目的に応じて収集し，批判的に評価したり，適切に利用したりする**メディア情報リテラシー**の重要性が増している。生涯学習のスキルを向上させるという意味からも，今や不可欠な能力となってきていることから，早期からの教育が求められる。

メディア情報リテラシー
あらゆるコミュニケーション手段を用いて，文化的・社会的文脈のなかで情報を見つけ，評価し，応用し，創造することができるようになる一連の能力[9)]。

4　社会性と自我の発達

社会性と自我の発達は互いに密接に関連している。子どもは自己の認識を深めるとともに，他者との関係を構築する力を育んでいく。

1　エリクソンの心理社会的発達の８段階

エリクソン（Erikson, E. H.）は自身の生育歴や生活体験，精神分析の臨床家として関わった臨床事例をもとに，他者や社会との関わり方を中心にし，**ライフサイクル**からみた自我発達の８つの段階という概念を提唱している（表 4-2）。各段階には主要な心理社会的危機があり，段階の終わりに至るときには危機の解決を見出して，次の発達段階へと進んでいく。エリクソンはこの枠組みにおいて，「子ども時代とは，その段階に特有の心理社会的危機を通してパーソナリティが段階的に開かれていく」と述べている[10)]。

エリクソン
エリクソンはフロイトの発達理論に，社会的・歴史的視点を取り入れて発展させた。発達は連続的に起こり，発達が次に進むためには各発達段階における課題（心理・社会的危機）は十分に解決されなければならないとされる漸成説を提唱した。

児童期から思春期の心理社会的危機は，おおよそ勤勉対劣等感，アイデンティティ対アイデンティティの拡散に相当する。児童期に系統的な教育が始まり，新しい知識や技術を身につけていく。このようななかで，子どもは物事をつくりだし，役に立っている感覚を持つようになり，勤勉に努力して仕事を完成させる喜びを味わうようになる。勤勉であるためには，他者とならび，一緒に仕事をすることも必要であることから，分業や機会均等といった社会的な感覚も発達していく。青年期の始まりである思春期は生理的な変化に加え，社会的な役割なども大きく変化していくことから，自分はいったい

ライフサイクル
ライフサイクルの時期は文化と時代に大きな影響を受けることから，この理論はライフサイクル理論，心理社会的発達論ともよばれる。

表 4-2 エリクソンの心理社会的段階

	1	2	3	4	5	6	7	8
I 乳児期	基本的信頼 対 基本的不信							
II 幼児初期		自律 対 恥，疑惑						
III 遊戯期			自主性 対 罪の意識					
IV 学齢期				勤勉 対 劣等感				
V 青年期					アイデンティティ 対 アイデンティティの拡散			
VI 若い成人						親密 対 孤独		
VII 成人期							ジェネラティヴィティ 対 自己陶酔	
VIII 成熟期								インテグリティ 対 嫌悪，絶望

出典：Erikson, E. H., 西平 直・中島由恵訳『アイデンティティとライフサイクル』誠信書房，1980/2011 年，pp. 136-137 より一部抜粋

何者であるのかといったアイデンティティの問題が大きくなる。エリクソンは「自分自身についてどう感じるか」と「他人の目に自分はどう映るか」とを比べ，「それまでに培ってきた役割や技能」と「この時代の理想となるプロトタイプ」をいかに結び付けるかという問いに没頭するとしている[10)]。同世代との関係のなかで，自分という存在の連続性と一貫性を確認していく時期ともいえる。アイデンティティは，青年期に形成されて確立されたあとも，成人期を通じて繰り返し問い直され変化していく。

2 社会性の発達

社会性
人間が所属する社会で，安全に適応的に生きていくためのあらゆる能力や特性のこと。

社会性の発達において，児童期から思春期にかけては，個人が集団としての社会の一員として生きていくための基盤を形成していく時期といえる。

児童期の子どもは，生活の大半を学校において集団で過ごすようになる。多人数で生活するなかで，公平と不公平，規則を守る，正義とは何かといった道徳性についても考えるようになっていく。また，家庭におけるタテの人間関係から，同年齢集団によるヨコの人間関係を築いていくことになるため，友人との関係が次第に重要な役割を果たすようになる。低学年のうちは席が近い，近所に住んでいるなどの近しい者で集まるが，次第に気の合った特定の友人が集まり，グループを形成するようになる。しかし，児童期には親や

教師などの身近な大人との関係も重要であり，これらの人たちとの相互作用を通して，社会的な規範や価値観を学んでいく。

思春期に入ると，友人関係はダイナミックに変化し，特定の友人と親密になり，大人に対する秘密を共有するようになる。また，特定の友人で構成されるグループの影響が強まるとともに，新たな対人関係の形として恋愛関係が現れる。先に述べたように，この時期はアイデンティティの問題とも重なり，自己を表現することとグループへの帰属意識との間で均衡を取ることが課題であり，自己と他者とを相互に生かし合いながら生活する能力が必要となる。このため，共感や協調性，コミュニケーションをとる能力などのより複雑な**社会的スキル**が発達していく。

社会的スキル
社会生活を円滑に送るために役立つさまざまな技能を，社会的スキル（ソーシャルスキル）とよぶ[11]。

3　道徳的判断の発達

道徳観とは，社会で一般的とされている立ち居振る舞いについての，まとまった価値観や信念であるとされている。この発達は児童期から青年期にかけて，徐々に段階的に起こるとされている。

ピアジェは，道徳観の発達は認知面での発達に並行して起こるゆっくりとした過程であるとし，その関連について指摘している。また，他律的な大人の拘束による道徳判断から自律的な仲間との協同による道徳判断への変化を提唱した。**コールバーグ**（Kohlberg, L.）はこの考え方に影響をうけ，正義の枠組みは発達とともに質的に変化するものとして，3水準6段階の発達段階を提示している。第1水準は慣習前の段階にあり，人間の行為は物理的なものとみなす段階であり，行為は行為者自身の利害関心によることから，対立することに気付く段階である。この水準では親などの権威者の観点（perspective）を自分自身の観点と混同している。第2水準は慣習的役割に従う段階で，自分自身を他者の立場に置いて考えることができるようになり，他者との関係を維持し，社会や集団，制度に貢献し，システムにおける位置から個々の関係についても考えることができるようになる。第3水準は自分が良いと思った道徳観を持つ段階で，倫理観に基づいて，規則に従いながらもある状況では規則に例外を認めることができるようになる。

コールバーグ
コールバーグはピアジェの認知発達研究の影響を受けて，道徳性の発達を研究した。主に男子に対してジレンマ課題を提示し，子どもたちの判断とその理由から，独自の道徳発達理論を構築した。

図4-3はコールバーグの道徳的ジレンマの例である[12]。皆さんはこのジレンマについて，どのような判断理由を持つだろうか。児童期から思春期は第2水準から第3水準の始めに相当する。具体物を操作しながら考える段階を脱し，形式的操作期の特徴である抽象的に考える能力を駆使し，社会的に合意された規範を重要視しながらも，それだけでは判断がつかない事柄についても向き合うことができるようになっていくのである。

ヨーロッパのある国で，女の人が特殊な癌にかかって死にそうになっていました。医者によれば，この人を救うことができる薬が1つあります。その薬は同じ町に住んでいる薬屋が最近，開発したラジウムの1種です。この薬を作るのにはお金がかかりますが，薬屋はその費用の10倍の値段をつけています。つまり，彼はラジウムに400ドルのお金をかけて薬を作り，それを4000ドルで売っているのです。この女性の夫であるハインツは，知り合い全員にお金を借りに行ったり，あらゆる合法的手段を尽くしました。けれども，薬の値段の半分にあたる2000ドルしか用意できませんでした。そこでハインツは，妻が死にそうだからもっと安く薬を売るか，支払いを後回しにしてくれないかと薬屋に頼みました。しかし，薬屋は「だめです。私はこの薬を開発し，この薬で金儲けをしようとしているのです」と言って断りました。ハインツは合法的手段を尽くしてしまったので，とても困って薬屋の店に忍び込んで薬を盗み出そうと考えました。ハインツは薬を盗むべきですか。また，それはなぜですか。

図4-3　モラルジレンマの例「ハインツのジレンマ」

出典：Kohlberg, L.・Levine, C. et al., 片瀬一男・高橋征仁訳『道徳性の発達段階―コールバーグ理論をめぐる論争への回答』新曜社，1983/1992年，p. 279

5　集団および仲間関係の発達

1　児童期から思春期にかけての発達

日本の多くの子どもたちは幼児期に集団生活を経験するが，遊びが中心で個人の興味に基づいた自由な時間を過ごすことが多い。児童期に入ると，時間割にそった学校生活を求められるなど，本格的な規律ある集団生活を経験するようになる。集団での生活をおくるなかで，子どもたちは同年齢による集団をつくり，仲間との関係を育んでいく。

小学校中学年頃から子どもたちが数名から十数名の仲良し集団を形成する姿が見られるようになるが，これを**ギャング・グループ**とよぶ[13)]。主に同性同年齢で構成され，男児に特徴的である。この時期の子どもたちは同じ遊びや行動を共有することで仲間意識を高め，集団内の自分の役割を見出し，人間関係に必要なルールを学んでいく。学年が進むにつれ，子どもにとっての友人は，興味や関心を共有でき，お互いを理解し合える相手へと変わり，親しい友人同士が少人数で固まる様子が見られる。このような集団を**チャム・グループ**とよぶが，親しい仲間関係を形成することで，その後の成熟した対人関係の布石になるとされている。ギャング・グループと異なりチャム・グループにおいては，性格や好みなどの内面的な類似性が重視されるため，他者に対して排他的になることもある。しかしこれは，思春期という不安定な時期において，心理的安定を得たり，仲間が自分にとってのモデルとなったりするなどの意義があるとされる[14)]。

現在では，児童期に形成されるギャング・グループについて，塾や習い事への没頭，遊び空間の喪失，ゲームの普及などにより，地域の仲間集団は解体され，もはや，ギャングエイジは消滅しているとの指摘もある[15)]。また，チャム・グループにおける仲間との関係性においても，現在の仲間関係は，

ギャング・グループ
ギャング・グループを形成する時期をギャング・エイジとよぶ。この時期は，仲間以外を排除する凝集性と，大人からの逃避傾向を持つとされる。

チャム・グループ
チャムとは，サリバン（Sullivan, H. S.）によって示された，同性同年齢の親友を意味する[13)]。

協力関係ではなく同調関係が中心であり，グループに居場所を求め，狭い範囲の人間関係に気を使い，自らを所属グループに固定化させるうえに，所属する**グループの間には序列がある**との指摘もある[17)]。さらに，インターネットを介して繋がる思春期グループについて，グループの実体がないため，友人間で確認し合い関係を深める作業や，そのなかで生じる摩擦を乗り越える作業に取り組んでいない可能性についても指摘されている[18)]。このように現在の仲間関係，友人関係については，多方面からの議論が進行しており，一面的なとらえ方ができないことに留意する必要がある。

グループ間の序列
スクールカーストともよぶ。中高生におけるスクールカーストは，クラス内の友人グループ間における力関係，非公式な地位の差を指す[16)]。

2　特別な教育的ニーズのある子どもの思春期

学習面においても，対人関係面においても，学年が上がればより複雑な行動が要求されるようになる。特別な教育的ニーズのある子どもは，幼い頃には周囲も幼いため目立たなかったハンディが目立つようになり，周囲もそれに気付いて友人関係が難しくなることも多くなっていく。たとえば，通常の学級に在籍する発達障がいが疑われる児童生徒に対して，同級生は無関心であったり意図的に距離を置いたりする関係を形成する傾向があることが指摘されている[19)]。学年が上がれば上がるほど，さらに問題は複雑化し，家庭の状況，学業の遅れ，友人関係の行き詰まりなど，いずれも複雑化し単純ではなくなる。教師は**校内のリソース**を活用し，家庭や地域にある関係機関と連携しながら，本人への適切な支援を行い，進路や学習といった現実的な課題にも対応していくことが重要である。

校内のリソース
校内の教育資源のこと。学校内において，特別支援教育や教育相談について研修を受けていたり，活用できる資格等をもっていたりする教職員などを指す。

【引用・参考文献】

1）スポーツ庁「令和3年度 体力・運動能力調査報告書」2022年，p. 60（https://www.mext.go.jp/sports/content/20221011-spt_kensport01-000025410_6.pdf，2023年12月1日閲覧）
2）日本青年心理学会企画『新・青年心理学ハンドブック』福村出版，2014年，pp. 140-144
3）田口久美子「思春期女子の発達加速ー初潮・身長・体重」『長崎外大論叢』14，2010年，pp. 97-111
4）山本ちか「思春期のタイミングと早熟・晩熟の影響」『名古屋文理大学紀要』12，2012年，pp. 1-9
5）Piajet, J.，中垣 啓訳『ピアジェに学ぶ認知発達の科学』北大路書房，1970/2007年，pp. 49-148
6）太田静佳・宇野 彰ほか「幼稚園年長児におけるひらがな読み書きの習得度」『音声言語医学』59，2018年，pp. 9-15
7）川崎聡大「ディスレクシア」，日本児童研究所監，高橋惠子・山 祐嗣ほか編『児童心理学の進歩 2017年版56巻』金子書房，2017年，pp. 166-169
8）高橋俊三「発音・発声」，国語教育研究所編『国語教育研究大辞典』明治図書出版，1988年，pp. 665-668
9）総務省「メディア情報リテラシー向上施策の現状と課題等に関する調査結果報告」2022年

(https://www.soumu.go.jp/main_content/000820476.pdf, 2024年2月10日閲覧)
10) Erikson, E. H., 西平 直・中島由恵訳『アイデンティティとライフサイクル』誠信書房, 1980/2011年, pp. 95-137
11) 子安増生・丹野義彦ほか監『有斐閣 現代心理学辞典』有斐閣, 2021年, p. 476
12) Kohlberg, L.・Levine, C. et al., 片瀬一男・高橋征仁訳『道徳性の発達段階─コールバーグ理論をめぐる論争への回答』新曜社, 1983/1992年, pp. 275-278
13) 田島信元・岩立志津夫ほか編『新・発達心理学ハンドブック』福村出版, 2016年, pp. 283-303
14) 須藤春佳「前青年期の親しい同性友人関係"chumship"の心理学的意義について─発達的・臨床的観点からの検討」『京都大学大学院教育学研究科紀要』54, 2008年, pp. 626-638
15) 西村 馨「小学生に対する心理教育グループの課題, デザイン, 実践」『国際基督教大学学報. I-A, 教育研究』49, 2007年, pp. 79-89
16) 鈴木 翔『教室内カースト』光文社, 2012年, pp. 83-142
17) 須藤春佳「友人グループを通してみる思春期・青年期の友人関係」『神戸女学院大学論集』61(1), 2014年, pp. 113-126
18) 飛谷 渉「新しい思春期モデル」, 木部則雄・平井正三監, 吉沢伸一・松本拓真ほか編著『子どもの精神分析的セラピストになること』金剛出版, 2021年, pp. 31-49
19) 渡邉雅俊「通常学級に在籍する発達障害が疑われる児童生徒における仲間関係の実態」『教育実践学研究』15, 2010年, pp. 173-183

◇◇ お薦めの参考図書 ◇◇◇◇◇◇◇◇◇◇◇◇◇◇◇◇◇◇◇◇◇◇◇◇◇◇◇◇◇◇

① Hameline, D.・Vonèche, J. J. 編, 芳賀 純・原田耕平ほか訳『ピアジェ入門 活動と構成─子どもと学者の認識の起源について』三和書籍, 2021年
② 本田秀夫, フクチマミ漫画『マンガでわかる 発達障害の子どもたち』SBクリエイティブ, 2023年
③ 小松孝至『発達心理学の視点─「わたし」の成り立ちを考える』サイエンス社, 2022年
④ 大阪精神分析セミナー運営委員会編『連続講義 精神分析家の生涯と理論』岩崎学術出版社, 2018年

第5章 青年期から生涯にわたる発達

「青年」という言葉を耳にしたとき，皆さんはどのようなイメージを抱くだろうか。日本語においては，古くから人生の段階を青春・朱夏・白秋・玄冬という色と季節で表現してきた。「青」という字は，「青二才」「青白い」といったように未熟さや，弱々しさを表す一方，「青天」や「青雲」のように若々しく，覇気に満ちているといった意味合いも持つ。このように，青年期は，未熟でありながらも覇気に満ちた，成熟に向かう時期である。

20世紀以前は，青年期は存在しなかったといわれており，やがて工業化が進むなかで子どもや若者が労働や生産の場から解放され，国家が国民を学校で教育する制度を整えたことで，将来の職業や人生を選ぶための準備期間としての青年期が成立したとされている。現代の青年期は，児童期と成人期の間に位置する，子どもから大人への移行期であり，大まかには10代から20代半ばまでの時期を指す。この時期には，身体的な面や知的な面，情緒，人格や人間関係の面など，さまざまな点で大きな変化がみられる。

1 アイデンティティの発達

1 アイデンティティとは

アイデンティティ（identity）とは，エリクソン（Erikson, E. H.）が提唱した用語であり，自我同一性，自己同一性ともよばれる。「自分は何者か」「自分の人生の目的は何か」「自分の存在意義は何か」などの，自分を社会のなかに位置付ける問いに対して，肯定的かつ確信的に回答できるならば，アイデンティティは確立されているといえる。エリクソンは，ライフサイクル論（心理社会的発達論）のなかで，このアイデンティティの確立こそが，青年期における重要な発達課題であるとした。

アイデンティティは，〈自分自身の内部の斉一性（sameness）と連続性（continuity）を維持する能力〉が，〈他人にとってその人がもつ意味の斉一性と連続性〉と調和しているという確信から生じる[1)]とエリクソン（Erikson, 1959/2011）は述べている。斉一性（sameness）とは，私たちは役割や立場によって振る舞いを変えるが，その違いも含めて私は私であるという全体的なまとまりの感覚である。連続性（continuity）とは，過去から現在，そして未来への時間の流れのなかで，今までもこれからも私は私である，という感覚のことである。

このように，斉一性と連続性を有しているということは，簡単にいえば「私は私である」と思っていることであり，なおかつ自分が思う「私」と，他者が思う「私」が合致していることで生まれる自信が，アイデンティティの感覚であるといえる。

この時期には，さまざまな立場や役割を体験すること，また親や友人などの身近な人物の体験や考えをとおして，自分自身をより深く理解したり，学んだりすることが大切である。アイデンティティ達成の過程について，マーシャ（Marcia, J. E.）は，職業や価値観など生き方に関する選択肢に悩み，価値を探求する「危機（crisis）」を経験したかどうかと，選択した生き方に対して「積極的関与（commitment）」をしているかという2つの基準によって客観的に把握しようとした。これをアイデンティティ・ステイタスとよび，表5-1のような4つの類型に分類している。

アイデンティティ・ステイタスは固定的なものではなく，一度アイデンティティ達成をしても，新たな危機を経験することにより，拡散などの別のステイタスに移行することもある。マーシャは，青年がアイデンティティの発達の過程において，どのステイタスにおかれているのかを面接によって判断し，青年のアイデンティティ発達の支援を行った。

表5-1　アイデンティティ・ステイタスとその特徴

ステイタス	危機	積極的関与	概要
アイデンティティ達成 (identity achievement)	経験した	している	自分の生き方を真剣に悩み，決定し，その生き方に積極的に関与している。誠実で，安定した人間関係をもっている。
モラトリアム (moratorium)	最中	あいまい	いくつかの選択肢で迷っており，いずれの選択肢に対しても十分な関与はできていない。半人前意識や不安，緊張感をもっている。
早期完了 (foreclosure)	経験していない	している	親や社会の価値観を無批判に受け入れ，それに従って生きている。見せかけの自信をもち，融通が利かなく，権威主義的でもある。
アイデンティティ拡散 (identity diffusion)	した／していない	していない	危機の有無にかかわらず，生き方に積極的に関わることができない。自己嫌悪感や無気力感，不信感，希望の喪失などの特徴がある。

出典：高坂康雅「青年期の発達」，櫻井茂男・佐藤有耕編『スタンダード発達心理学』サイエンス社，2013年，pp. 165-190

2　青年期の延長について

青年期が終わるのは，大人になったときであるが，では何をもって大人になるのかといえば，明確な基準があるわけではない。教育課程が終わることや，結婚すること，経済的に自立し親と別居することなどのさまざまな指標が挙げられるが，これらは社会や文化によっても異なっている。日本では，1990 年代には 30％程度であった大学進学率が，2023（令和５）年には 57.7％[2)] となっており，初婚年齢に関しても，1990（平成２）年に男性 28.4 歳，女性 25.9 歳であったものが，2022（令和４）年には男性 31.1 歳，女性 29.7 歳[3)] となっている。これらのデータはごく一部ではあるが，以前に比べて青年期は延長している傾向にあるといわれている。それはすなわちアイデンティティを探求する期間が長くなっているということであり，進学や結婚，職業など，あらゆることに関してさまざまな選択肢にあふれる一方，１つ１つの選択肢に，自己と向き合いながら答えを出していくことの難しさを反映していると考えられる。

2　対人関係の発達

1　友 人 関 係

児童期における**ギャング・グループ**，思春期における**チャム・グループ**を経て，青年期にあたる高校生以上の友人関係は，ピア（peer）・グループに変化していくとされている。ピアとは，同輩，仲間のことであり，ピア・グループでは，互いの価値観や理想，将来の生き方などを語り合うような関係を築くようになっていく。チャム・グループでは，いつでも一緒にいなければならない，同じでなければならない，といった共通点・類似点が重視された一方，ピア・グループでは，互いの異質性も認識したうえで尊重し合うという特徴があり，友人に賛成するだけでなく，ときには相手とは異なった意見を述べることも期待される。そのような仲間との関係性のなかで青年はアイデンティティを確立していく。もちろん，青年期のすべての友人グループがピア・グループとなるわけではないので，同じであることを求められる同調圧力に悩んだり，グループから自分が浮いていないかを心配しながら過ごす青年も多くいる。しかし，そのような対人関係上の困難は，自分自身や他者との関わり方を見つめ直す契機となることもある。

ギャング・グループ
児童期後期に見られる，遊びを中心とした，閉鎖性の高い集団。徒党集団ともよばれる。

チャム・グループ
思春期，とくに女子に多く見られる，互いの共通点や類似点を言葉で確かめ合い，同質性が重要視される集団。

近年の友人関係は，浅く表面的になるという希薄化と，場面や状況によって付き合う相手を変える選択化が起きているという指摘がある。また，携帯電話やインターネット，SNS の普及などにより，人間関係は複雑さを増しており，不特定多数の人とインターネットを介して知り合うことができる。このような環境の変化は，今後も青年期の人間関係に強く影響すると考えられる。

2　親 子 関 係

青年は，図 5-1 のような身体的，社会的，心理的な面でのさまざまな変化を経験し，その変化が親子関係に影響を及ぼすなかで，親子関係を再構築していく。ホリングワース（Hollingworth, L. S.）は，青年期に家族の監督下から離れ，１人の独立した人間になろうとする衝動を，乳児期の生理的離乳に対して，心理的離乳とよんだ。また，この時期は，３～４歳時の，イヤイヤ期ともいわれる第一反抗期と対比して，**第二反抗期**とよばれる。この時期には，言葉遣いが乱暴になったり，親が話しかけても無視したり，物に当たったり暴力を振るったりといった特徴が見られるとされてきた。このような第二反抗期がない青年は，立派な大人にはなれない，との意見を耳にしたことはないだろうか。しかし，必ずしもそうではなく，親子の関係性や社会環境なども影響しており，必然的なものではないとの指摘もなされている。現代の日本では，反抗は少なくなり，良好な親子関係が増加しているといわれている。内閣府（2019）の調査[4)]によると，13～29 歳の若者の６割以上が父親をやさしくて尊敬できると回答するとともに，７割以上が母親をやさしくて尊敬でき，自分のことを理解してくれると回答している。また，父親をうっとうしいと回答した若者は４割程度，母親をうっとうしいと回答した若者は４割に満たない結果となっている。なお，この調査では諸外国との比較も行われており，その結果からは，日本の親子関係だけが特別に良好なわけではないことも読み取ることができる。

第二反抗期
主に中学生以降の，命令されることや決めつけられることを拒み，親や周囲との摩擦が生じやすくなる時期。

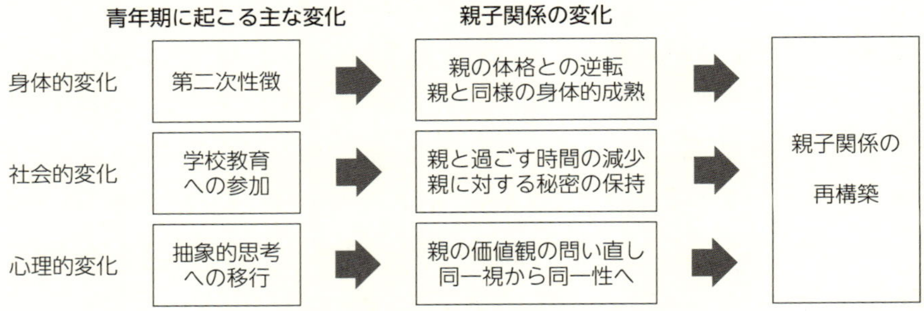

図 5-1　青年期における親子関係の変化
出典：池田幸恭「青年期の親子関係」，髙坂康雅・池田幸恭ほか編著『レクチャー青年心理学』2017 年，風間書房，pp. 79-93 より著者作成

3 異性との関係

青年期には，**第二次性徴**によって身体的な性の違いが明確になる。それに伴い，異性に興味や好意を持つようになり，異性との１対１の親密な恋愛関係を構築するようになっていく。2017（平成 29）年に実施された調査[5)]によると，性別による違いはあるものの，高校生で 30％前後，大学生で 40％前後に恋人がいることが明らかにされている（日本性教育協会，2019）。異性との交際を通じて，自己理解を深めたり，自分とは異なる新たな価値観に出会うことは，アイデンティティ形成においても重要な役割を果たすと考えられる。

一方で近年では，恋愛に関する価値観は多様化しており，恋愛に消極的であったり，恋人を欲しいと思わない者も以前よりも増加していることが指摘されている。たとえば髙坂（2011）[6)]は，約２割の大学生が，恋人がおらず，また欲しいとも思っていないことを明らかにした。

なお，性別には，生物学的な性（sex）と，自分の性別をどう捉えているかという性自認（gender identity）が存在する。性愛の対象として異性，同性，両性のいずれを求めるかという性的指向（sexual orientation）があり，これらの組み合わせによる多様な性のあり方をセクシャリティ（sexuality）とよぶ。性のあり方が少数派である人々は **LGBT** とよばれ，またそれ以外にも多様な性のあり方が存在している。青年期には性や恋愛への関心が高まる一方，LGBT を始めとした性的少数者にとっては，周囲との違いが悩みの種となることもある。教師にも，性の多様性を理解・尊重する人権意識が求められている。

第二次性徴
性ホルモンの分泌によって思春期頃に現れる，身体の各部分に見られる男女の特徴。

LGBT
Lesbian（レズビアン，女性同性愛者），Gay（ゲイ，男性同性愛者），Bisexual（バイセクシャル，両性愛者），Transgender（トランスジェンダー）などの性的少数者の総称。

3 キャリア発達とライフサイクル

キャリアとは，「人が生涯の中で様々な役割を果たす過程で，自らの役割の価値や自分と役割との関係を見いだしていく連なりや積み重ね」（中央教育審議会，2011）[7)]のことであり，また「ある年齢に達すると自然に獲得されるものではなく，子ども・若者の発達の段階や発達課題の達成と深くかかわりながら段階を追って発達していくもの」とされている。キャリアというと役割や職業，地位の経歴という意味が浮かぶかもしれないが，今日では，職業に限らない，より広い意味で用いられている。人生全体のアイデンティティの確立には，自身がどのような職業に就き，どのような価値観を有して生きていきたいかということが含まれる。個人が生涯にわたって歩む職業やその連鎖の結果生まれる経歴はキャリアとよばれ，青年期はキャリア発達において重要な時期である。

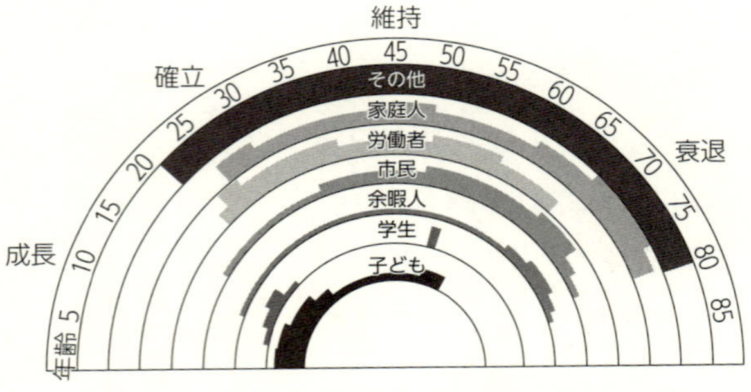

図 5-2　ライフキャリア・レインボーのイメージ
出典：金井篤子「職業生活」，高橋恵子・湯川良三ほか編『発達心理学入門3　青年期～後期高齢期』東京大学出版会，2012年，pp. 105-117を参考に著者作成

私たちは，人生の各段階で，さまざまな役割を担う。その役割は，職業上のものだけでなく，子ども，学生，自由人，市民，家庭人などさまざまな側面を持っている。スーパー（Super, 1980）は，各役割に費やす時間やエネルギーの割合が年齢やライフステージとともに変わる様子を虹のような図によって示し，ライフキャリア・レインボー[8) 9)]と名付けた。これは，それぞれの時期にさまざまな役割に時間やエネルギーを費やしながら，人生を通したキャリアが成立することを図示したものである。

また，私たちのキャリアは，予期していなかった偶然の出来事がきっかけとなって，思いもかけない新たな展開が開けることもある。クランボルツ（2005）は，これを「計画された偶発性（planned happenstance）」とよび，計画に縛られすぎず，常に広い視野を持つことを心掛け，偶然と思われるチャンスを活かすことの重要性を説いている[10)]。

一生を通したキャリアの形成には，自身が何を欲し，どのようにありたいのかを自覚したうえで，生き方を選択することが必要である。そして，その為に必要な能力や態度は，保育所や幼稚園に始まり，小学校・中学校での義務教育，高等学校へと段階を追って育成することが望まれている。

4　成人期から老年期の発達

1　成人期の発達

成人期は年齢でいえばおおよそ20歳代半ば～60歳代にあたる。個人差はあるものの，約40年間という，人の生涯におけるかなりの割合が成人期に属する。エリクソンは，成人期の課題は「親密性対孤独（孤立）」および「世代性対停滞」であるとした。

親密性とは，青年期に確立したアイデンティティを前提として，他者との間で互いにアイデンティティを保ちながら深い関係が持てるということである。一方，孤独とは，他者との関係を拒絶する状態である。異性との交際を例に挙げれば，好意を抱く相手と親密になりたいと願い，関係を深めていこうと努めなければ交際することはできない。しかし一方で，関係を深めようとすると，うまくいかず別れが訪れることもあり，傷つくこともあるかもしれない。この際に，傷つくくらいならいっそのこと誰とも関わりを持たないようにしようと思い，自分の殻に閉じこもってしまうと，孤独の世界に身を投じてしまう。このような親密性と孤独の関係は，異性間だけでなく，職場の同僚との関係，友人関係，親子関係にも当てはまるといえる。そして，「親密性対孤独」の葛藤を乗り越えたとき，「愛」という活力を手に入れることができるとエリクソンは考えた。

2　中年期の危機

成人期のなかでも，40 歳代を中心とする中年期においては，中年期の危機（ミッドライフクライシス）とよばれる苦悩を経験することがある。具体的には，体力の衰えや老化といった生物学的変化，子どもの自立や親の看取りなどの家族における変化，また仕事における責任の増加や出世の限界を自覚することなどの職業における変化などにより，自己の有限性を自覚する。それにより一度はアイデンティティが揺らぐが，自分の半生を問い直し，将来への方向づけを軌道修正することにより，アイデンティティを再構築することが重要である。

そのような時期に直面するのが，「世代性対停滞」の課題である。世代性とは，次の世代を生み，育てることに関心とエネルギーを注いでいるという自信を持つことである。これは，親になること，子孫を残すことが主に想定されるが，さらに広い意味で，次世代の育成と指導も意味している。親世代から育てられ，与えられてきた自分が，今度は育て，与える側に変わるのである。この転換こそが，成人期の課題であり，またライフサイクル論に，個人の自己実現にとどまらない，社会的・文化的・歴史的な広がりを与えているといえる。一方，いつまでも自分自身のことしか考えることができず，生殖性が発達しなければ，人間関係も豊かなものにはなりにくい。自身の肉体的・精神的な衰えに直面した際に，それを受け入れることができず，挫折感を抱いてしまうことが「停滞」である。このように，世代性と停滞がせめぎ合うなかで，停滞よりも世代性が上回ったとき，人は「世話」という人格的な活力を手に入れることができる。

3　老年期の発達

老年期は人生の終盤にあたり，身体面でも，社会生活面でも，大きな変化がある。身体面では，白髪や皮膚のしわが増えたり，体力や持久力が低下し，動作が緩慢になる。社会生活面では，職業人として役割を終え，配偶者や親しい人との死別なども経験する。では，老年期には，あらゆる点がただ衰退するだけなのかといえばそうではなく，ある程度の年齢までは維持・向上さ

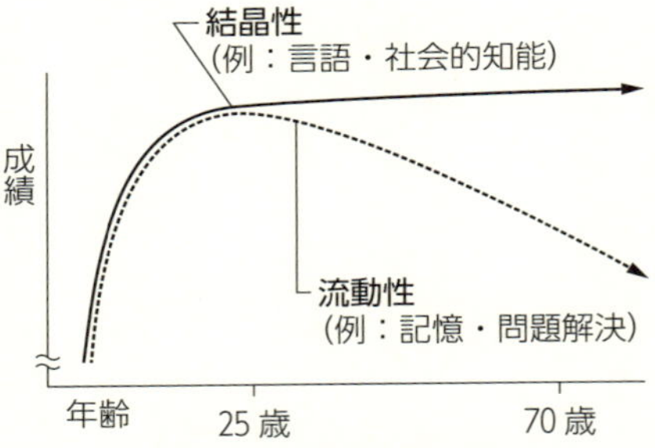

図5-3　流動性知能と結晶性知能

出典：Baltes, P. B., "Theoretical propositions of life-span developmental psychology: On the dynamics between growth and decline", *Developmental Psychology*, 23, 1987, pp. 611-626を基に著者作成

れる能力や，良い方向に変化する特性などもあることが指摘されている。たとえば，認知機能の生涯発達的な変化を説明する際によく用いられるモデルに，ホーンとキャッテル（Horn & Cattell）が提唱した流動性知能（fluid intelligence）と結晶性知能（crystallized intelligence）がある。流動性知能は，情報を早く処理することで新しいことを学習したり，新しい環境に適応する能力であり，結晶性知能は，語彙力や文章構成力といったこれまでの学習や人生経験を生かす能力である。バルテス（Baltes, 1987）[11]によれば，流動性知能は加齢に伴い低下する一方，結晶性知能は歳をとってもある程度維持される。また，パーソナリティに関しても，一生を通して少しずつ変化し続け，それは必ずしもネガティブな方向への変化ではないことも明らかになっている。このような点は，衰退・喪失を多く経験する老年期における明るい側面の1つであるといえる。

エリクソンによると，老年期には「統合対絶望」が発達課題となる。老年期は人生の締めくくりの時期であり，いずれ必ず訪れる死を受け入れ，自分の生活・人生を意味あるものにまとめていくことが課題となる。そして，人生を振り返って自分の人生にはそれなりに意味があったと思えることが人生の統合であり，「統合対絶望」の葛藤を乗り越えると，人は「知恵」という人格的な活力を手に入れる。

4　サクセスフル・エイジング

老年期の適応に関して，サクセスフル・エイジング（successful aging）という概念があり，「幸福な老い」などと訳される。どのような老いが幸福なのかという点については，さまざまな理論が提案されており，中年期の活動や態度を引退後も継続することが望ましいとする理論や，引退後は活動的な生活から離脱することを受け入れることが良いとする理論などが提唱されている。この時期の高齢者たちは，不可避で対峙（たいじ）せざるを得ない多くの悲しみがあるが，これらを乗り越えた状態として「老年的超越」がある。老年的超越に到達した高齢者は，表面的な社会のつながりから離れ自分1人の世界を重視するようになり，自己への関心が薄れ利己的な欲求を満たすことに興味がなくなるとともに，死の恐怖などがなくなり，宇宙との一体感や神秘性などを感じるようになっていく[12]とされている（蔡，2017）。また，人生の締めくくりに際して，キュブラー・ロス（2020）は，死にゆく患者との対話のなかで，「否認」「怒り」「取り引き」「抑うつ」「受容」の5段階の死の受容プロセスがある[13]ことを発見した。誰もが順調にその５段階のプロセスを踏むわけではなく，受容に至るまでには親しい人からのサポートが重要となる。

【引用・参考文献】

1）Erikson, E. H., *Identity and the life cycle. Psychological issues, Vol. 1, No. 1, Monograph 1.* International Universities Press, 1959（エリクソン，E. H.，西平 直・中島由恵訳『アイデンティティとライフサイクル』誠信書房，2011 年）

2）文部科学省「令和５年度学校基本調査の公表について」2023 年（https://www.mext.go.jp/content/20230823-mxt_chousa01-000031377_001.pdf，2024 年２月 17 日閲覧）

3）厚生労働省「令和４年（2022）人口動態統計（確定数）の概況」2022 年（https://www.mhlw.go.jp/toukei/saikin/hw/jinkou/kakutei22/dl/15_all.pdf，2024 年２月 17 日閲覧）

4）内閣府「我が国と諸外国の若者の意識に関する調査（平成 30 年度）」2019 年（https://warp.da.ndl.go.jp/info:ndljp/pid/12927443/www8.cao.go.jp/youth/kenkyu/ishiki/h30/pdf-index.html，2024 年２月 17 日閲覧）

5）日本性教育協会編「「若者の性」白書―第８回青少年の性行動全国調査報告」小学館，2019 年

6）髙坂康雅「“恋人を欲しいと思わない” 青年の心理的特徴の検討」『青年心理学研究』23，2011 年，pp. 147-158

7）中央教育審議会「今後の学校におけるキャリア教育・職業教育の在り方について（答申）」2011年（https://www.mext.go.jp/component/b_menu/shingi/toushin/__icsFiles/afieldfile/2011/02/01/1301878_1_1.pdf，2024 年２月 15 日閲覧）

8）Super, D. E., “A life-span, life-space approach to career development” In Brown, D. Brooks, L. et al., *Career choice and development* (2nd ed.), Jossey-Bass, 1990

9）金井篤子「職業生活」，高橋惠子・湯川良三ほか編『発達科学入門３　青年期～後期高齢期』東京大学出版会，2012 年，pp. 105-117

10）クランボルツ，J. D.・レヴィン，A. S.，花田光世・大木紀子ほか訳『その幸運は偶然ではないんです！』ダイヤモンド社，2005 年

11）Baltes, P. B., “Theoretical propositions of life-span developmental psychology: On the dynamics between growth and decline”, *Developmental Psychology*, 23, 1987, pp. 611-626

12）蔡 羽淳「百寿者の主観的幸福感― 100 歳以上の高齢者はなぜ幸せか」『生老病死の行動科学』21，2017 年，pp. 45-52

13）キュブラー・ロス，E.，鈴木 晶訳『死ぬ瞬間』中央公論新社，2020 年

◇◇ お薦めの参考図書 ◇◇◇◇◇◇◇◇◇◇◇◇◇◇◇◇◇◇◇◇◇◇◇◇◇◇◇◇

① 大野 久編著『エピソードでつかむ青年心理学（シリーズ生涯発達心理学４）』ミネルヴァ書房，2010 年

② 高橋惠子・湯川良三ほか編『発達科学入門３　青年期～後期高齢期』東京大学出版会，2012 年

③ 白井利明編『よくわかる青年心理学［第２版］（やわらかアカデミズム・〈わかる〉シリーズ）』ミネルヴァ書房，2015 年

④ クランボルツ，J. D.・レヴィン，A. S.，花田光世・大木紀子ほか訳『その幸運は偶然ではないんです！』ダイヤモンド社，2005 年

⑤ キュブラー・ロス，E.，鈴木 晶訳『死ぬ瞬間』中央公論新社，2020 年

第6章 学習のプロセス

ひとの行動には，生まれながらに備わっているもの（生得的な反射・反応）と，さまざまな生活や遊びの体験を通して経験的に習得されるものがあり，教育心理学では後者を**学習**とよぶ。本章では学習についての基礎的な理論を整理したうえで，記憶と学習，学習の動機づけやそのための方略，学習指導の形態，個に応じた学習のあり方などについて述べる。

学習
ある1つの場面における行動ないしは行動能力の変化であり，練習ないしは経験の結果もたらされる，永続性のある行動（Schunk, 2004）[1]。

連合
刺激（S: Stimulus）と反応（R: Response）の結びつきによって学習が成立するという立場。

1 学習の基礎理論

1 連合説（Stimulus-Response Theory）

（1）古典的条件づけ（レスポンデント条件づけ）

パブロフ（Pavlov, I. P.）は，イヌがエサ（無条件刺激：UCS）を与えられたときに分泌する唾液量（無条件反応：UCR）に注目し，エサと同時に，もともとイヌが特定の反応を示さない中性的な刺激であるメトロノームの音（条件刺激：CS）を繰り返し対呈示する実験を行った（図6-1，6-2）。その結果，イヌはメトロノームの音だけで唾液を分泌した（条件反応：CR）。

図6-1　パブロフの犬（東作成）

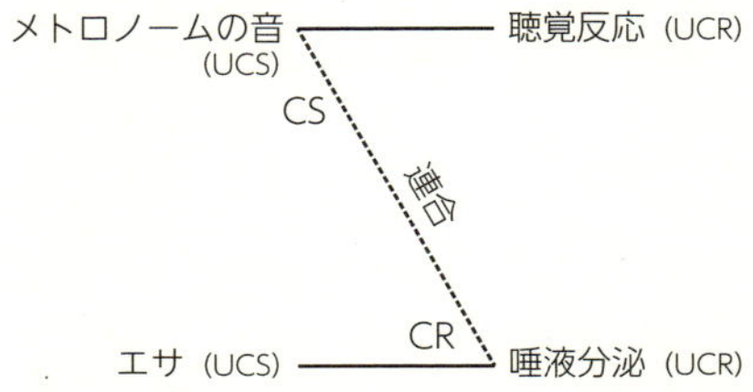

図6-2　古典的条件づけの仕組み（著者作成）

（2）道具的条件づけ（オペラント条件づけ）

ソーンダイク（Thorndike, E. L.）は，一定条件でひもを引くと扉が開き脱出できる仕掛けの問題箱（Problem box）のなかに，空腹状態のネコを入れ，箱のなかから見える外側にエサを設置し，ネコの様子を観察した（図6-3）。ネコは箱のなかでいろいろな試行錯誤を繰り返すうちに偶然ひもを引き脱出できたものの，再び箱のなかに戻される。この手続きを数回繰り返すうちに，ネコは箱に入れられると即座にひもを引き脱出できるようになった。これを**効果の法則**とよぶ。

また，スキナー（Skinner, B. F.）は，箱のなかに設置されたレバー（またはキー）を押すとエサが出る仕組みの実験箱（Skinner Box）を考案し，空腹状態にあるラットを実験箱に入れ，単位時間あたりのレバー押しの頻度を測定した。この実験では，ラットが**自発的**にレバー（またはキー）を押す（operant）ことが，エサを獲得するための条件づけとなる。

効果の法則
有益な報酬（エサ）を獲得するための行動が，試行錯誤から方略パターンの安定へと変化すること。

自発的（オペラント）
個体の自発的な行動や反応。

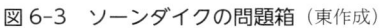

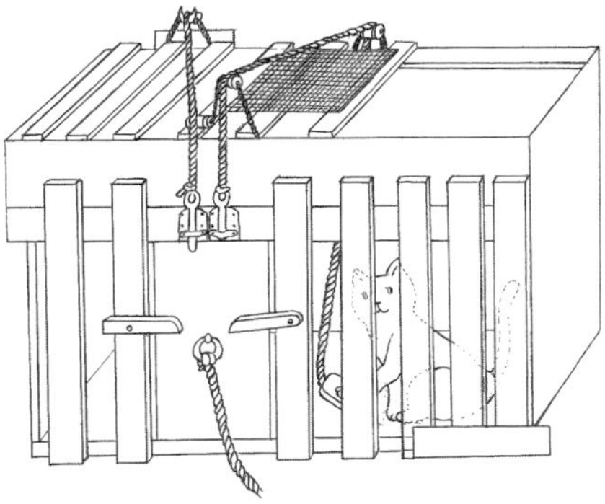
図 6-3　ソーンダイクの問題箱（東作成）

図 6-4　スキナーの実験箱（東作成）

2　認知説（Sign-Significate）

認知説（S-S 理論）は，ある刺激（sign）と目標となる対象（significate）との間での認知的な結びつきによって学習が成立するという立場である。

(1) 洞　察　説

ケーラー（Köhler, W.）は，雑多なものが散らかった状態にある小部屋で，空腹状態のチンパンジーが天井からつるされたエサを獲得するまでの行動を観察した。チンパンジーはいろいろ試してはみるものの，なかなかバナナ（目標）に手が届かない。そのうちに，複数の木箱を積み重ね，最終的には棒を使ってエサを手に入れることができた（図 6-5）[3]。

認知
「ものを知ることに関する全ての機能」であり，「外界の状況を知ること（知覚），経験した事柄を覚えておくこと（記憶），問題を理解したり解決したりすること（思考）」など（市川・伊東，1996）[2]。

洞察
失敗を繰り返しながら，どうすれば目標を獲得することができるのかという見通し（推論）を立て，いろいろな方法を試すこと。

図6-5 ケーラーのチンパンジーによる洞察（東作成）

（2）サイン・ゲシュタルト説

トールマン（Tolman, E. C.）は，ラットを3つのグループに分けてゴールに到達するまでの誤反応や時間を測定する迷路実験を行った。A群はゴール時にエサを与え，B群はゴール時にエサを与えなかった。また，C群は実験開始から10日間はゴール時にエサを与えず，11日目以降からはエサを与えた。当初はA群の成績が圧倒的に高く，B・C群は低迷していたが，11日目以降，C群の成績は急速によくなりA群と変わらない成績を示した。これはグループによって潜在的に学習された経路構造（**認知地図**）の違いによるものである。

認知地図
到達目標と手段との関係における認知構造の生成過程。

3 状況的学習／社会構成主義による学習

レイヴとウィンガー（Lave & Wenger, 1991/1993）[4]は，ピアジェに代表される**個体主義的学習観**を否定し，学習は社会的実践という状況に埋め込まれたもの（状況的学習）であり，社会的実践共同体（学習集団）への参加を通して知識や技能を獲得しアイデンティティを形成するという。

個体主義的学習観
学習は個人の行動の変容とそれにともなう認知的な枠組みの変容という捉え方。

また，ヴィゴツキー（Vygotsky, L. S.）やレオンチェフ（Leontief, W.）に代表される**社会構成主義による学習観**では，学習とは協働構成（co-construction）的なものであり，精神発達における本質的な役割を果たすものであり，歴史的一文化的文脈のなかに埋め込まれた，領域特有の意味的世界の構築過程の中核に文化概念をおき，人工物（artifacts）の活用によって，人間固有の心理的諸過程の解明がなされるものと考えた。さらにコール（Cole）やエンゲストローム（Engeström）に代表される，活動理論（cultural-historical activity theory）では，ある学びの主体が活動システムのなかで技術や知識の習得を通じて，活動システムへの参加の仕方そのものを変えて行

社会構成主義による学習観
社会や文化的文脈のなかで自己と他者が互いに関わり合うことによって認知機能が発達し，文化的実践状況のなかから，学びが生成・成立するという立場。

くことが学習であり（Greeno, Collins et al., 1996）[5]，それは必然的に活動システムに参加している参加者間の関係，および活動システムの枠組みをも変えていくことになるという。

一方，佐伯はワロンの自我発達論を発展させる形で独自の「**学びのドーナッツ理論**」を提唱し「人はつねに他者とともに学ぶ存在である（佐伯，2007）[6] ことを示した（図6-6）。

学びのドーナッツ理論
学び手（I）が外界（THEY）の認識を広げ，深めていくときに，必然的に二人称的世界（YOU 世界）との関わりを経由することを示した。

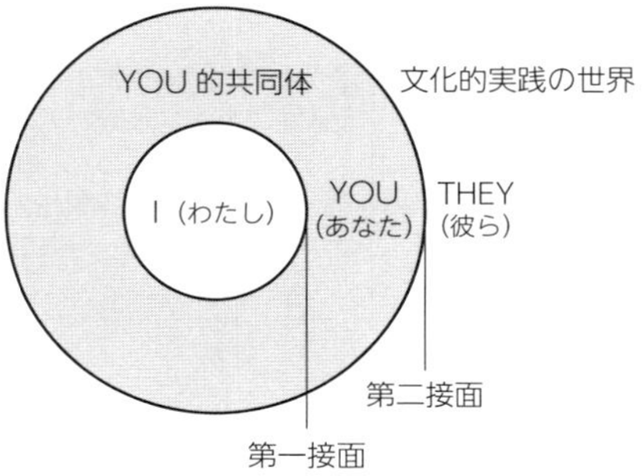

図6-6　佐伯のドーナッツ理論構造
出典：佐伯 胖『「学ぶ」ということの意味』岩波書店，1995年，pp. 65-78，佐伯 胖『共感―育ち合う保育のなかで』ミネルヴァ書房，2007年，p. 44を基に著者作成

2　記憶と学習

1　記憶のプロセスと分類

記憶（memory）とは，一般的には「覚えること」と捉えられがちであるが，心理学では記銘（覚える），保持（貯蔵・蓄積）・想起（思い出す）・再生（再現）というプロセスをたどる認知過程を示す（図6-7）。また記憶は，感覚記憶，短期記憶（作業記憶），長期記憶（手続き的記憶，宣言的記憶）に分類できる（表6-1）。

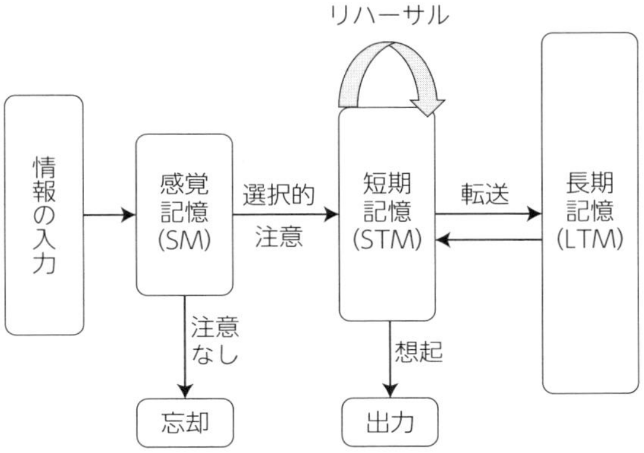

図6-7　記憶の情報処理モデル概念図（著者作成）

表 6-1　記憶のプロセスによる分類（著者作成）

<table>
<tr><th colspan="3">記憶の分類</th><th>概要</th></tr>
<tr><td colspan="3">感覚記憶（sensory memory）</td><td>感覚器官で知覚された瞬間的な記憶。とくに注意しなければ自然に忘却される記憶。</td></tr>
<tr><td colspan="3">短期記憶（short-term memory）
作業記憶（working memory）</td><td>一次的記憶ともいう。反復や精緻化リハーサルがなければ保持されず忘却される記憶。</td></tr>
<tr><td rowspan="3">長期記憶（long-term memory）</td><td colspan="2">手続き的記憶（procedural memory）</td><td>言葉では説明しにくい手順や技能，無意図的な習慣など，いわば「身体が覚えている（例：自転車の乗り方）」といわれるような記憶。</td></tr>
<tr><td rowspan="2">宣言的記憶（declarative memory）</td><td>意味記憶（semantic memory）</td><td>過去の事実や事象，言葉や規則，一般的な概念や知識について保持された記憶。</td></tr>
<tr><td>エピソード記憶（episodic memory）</td><td>個人的な過去の体験や出来事（例：昨日自分が作ったカレーを友達と一緒に食べたときのエピソード）についての記憶。</td></tr>
</table>

2　記憶と学習方略

知識や技能の習得を中心とした学習においては，効率的な覚え方（記憶方略）を用いることによって学習成果が異なる。その代表的なものが，**精緻化**と**体制化**である（表 6-2）。

表 6-2　記憶方略の分類（著者作成）

<table>
<tr><td rowspan="6">精緻化</td><td rowspan="2">処理水準</td><td>浅い</td><td>項目・内容をもとに機械的で単純な反復リハーサルを行う。</td></tr>
<tr><td>深い</td><td>項目・内容の形態・音韻・意味などによる情報処理を行う。</td></tr>
<tr><td colspan="2">自己関連づけ</td><td>項目・内容と自分とを関連づけようとする。</td></tr>
<tr><td colspan="2">自己生成</td><td>項目・内容をそのまま覚えるのではなく，自分で新しくまとめたり，作り直したりする。</td></tr>
<tr><td colspan="2">有意味化</td><td>項目・内容に対して新たな意味づけを行う。</td></tr>
<tr><td colspan="2">イメージ化</td><td>項目・内容について視覚・聴覚的なイメージを思い浮かべる。</td></tr>
<tr><td colspan="3">体制化</td><td>項目・内容を下位カテゴリと上位カテゴリに分類・関連づけ・統合することによって学習内容の体系化を図る。</td></tr>
</table>

3　記 憶 と 忘 却

エビングハウス（Ebbinghaus, H.）は，無意味なランダム音節記憶情報を思い出そうとするときの**節約率**を対数的曲線で示し，忘却のメカニズムを明らかにした[7]。また，**無意味つづり**のリストを覚え想起するとき，リストの最初（初頭性効果）と最後（親近性効果）の部分は想起率が高くなるという系列位置効果を示した。学習効率と時間の配分においては，主に**集中法**と**分散法**に分類できる。ただし，記憶方略には個人差（個人適性）があるため，学習者にとって最適な記憶方略を探究することが望ましい。

精緻化
新しい情報を覚えようとするときに，すでに獲得済みの情報や別の情報と関連づけたり，語呂合わせによる反復や意味づけによって情報を覚えやすくすること。

体制化
情報を共通するカテゴリや連想に基づいて，新たに構造化し，それを整理すること。

節約率
思い出そうとするときの時間がどれだけ節約できるかを示した割合。

無意味つづり
ランダムに並べた数字や文字列。

集中法
学習単位時間を延長して集中連続的に学習する方法。

分散法
ある学習と次の学習の間に休憩やインターバルを取り入れる方法。

4　学習の転移

たとえば，英単語のスペルや発音を覚えようとするとき，Ａさんは何回もノートに書きつづることと同時に音読するというやり方（**方略**）を用いた結果，テストの成績がよかったため，ドイツ語やフランス語の場合でも同様の方略を用いるようになった。しかし，漢字を覚えようとしたときにはこの方略ではうまくいかなかった。これはドイツ語やフランス語の学習では正の転移が起こり，漢字の学習では負の転移が起こったといえる。

方略
学習の仕方や手続きのこと。負の転移が起こった場合は方略を変えることによって解決する場合もある（例：漢字の意味を考えながら覚えるなど）。

5　推論と学習

ジョンソン・レアードとウェイソン（Johnson-Laird & Wason, 1977）は，大学生を対象に，以下のような例題[8]を示した。

> A　D　4　7
>
> これらのカードは，すべて表にはアルファベット，裏には数字が書いてあります。そして，「もしカードの表が母音ならば裏は偶数である」という命題があります。この命題が正しいかどうかを調べようとするとき，どのカードをめくればよいでしょうか。

例題の結果，「A，４」またはAのみと答えた学生が80％程度あったが，これは誤答である。正答は「A，７」であり，この課題の正答率は4％程度であった。論理的に考えると，「A」は母音であるため，その裏が偶数であることを確かめる必要はある。だが，「４」の裏は，母音であっても子音であっても，命題の真偽には影響がない（命題の対偶条件ではない）。

3　学習の動機づけ

動機づけ(motivation)
行動を引き起こす動因（欲求・意欲）と行動目的・目標となる誘因を持続させる心理的過程やその機能。「やる気」とほぼ同義語。

1　内発的動機づけと外発的動機づけ

たとえば，絵を描くことが好きな子どもがいるとする。絵を描きたいという欲求の赴くままに時を忘れて没入しているような状況を内発的動機づけという。一方では，絵に対するほめ言葉や報酬（外的要因）が目的・目標になってしまうことがある。このような動機づけを外発的動機づけという。外発的動機づけが強くなると，描くことそのものに対する動因が低下してしまうことをアンダーマイニング効果という。ムーラとドゥエック（Mueller & Dweck, 1998）は，ほめ方の違いが行動にどのような影響を与えるのか調べた結果，能力をほめると内発的動機づけは低下し，努力をほめると内発的動機づけが向上することを示した[9]。ほめ言葉などの外的な報酬によって，子どもの「やる気」は向上するものの，過度なほめ言葉やほめ方によっては逆効果にもなりうる。それは，内発的動機づけの安定性や持続性が高いわけではないこと（稲垣，1980）[10]，過度な刺激や報酬が目的となってしまうと，元々子どもの内面にあったはずの興味や関心・意欲は薄れてしまう（鹿毛，1996）[11] ためである。

2　帰属理論と動機づけ

ワイナー（Weiner, B., 1979）は，成功や失敗の原因帰属は，統制の位置，安定性，統制可能性の3つの次元があるとした（表6-3）。

表6-3　ワイナーによる成功・失敗の原因帰属

	内的		外的	
	安定	不安定	安定	不安定
統制不可能	能力	気分	課題困難度	運
統制可能	持続的な努力	一次的な努力	保育者・教師の偏向	他者方の支援

出典：Weiner, B., "A theory of motivation for some classroom experiences", *Journal of Educational psychology*, 71, 1979, pp. 3-25

たとえば，自分なりに一生懸命勉強したにもかかわらず，テストの結果が思わしくなかったとする。結果を自分の努力不足（内的で統制可能）と捉えたならば，次は勉強の仕方（方略）を変えて頑張ろうという気になるだろう。だが，課題が自分には難しすぎる，自分の力の及ばないところ（外的で統制不可能）に原因があると捉えたならば，「頑張っても無駄」となり，**学習性無力感**に陥りやすくなる（Seligman, 1975）[12]。

学習性無力感
努力の結果がともなわず無気力・意欲の低下による学習行動の抑制。

3　学習観・学習方略と動機づけ

学習に対する考え方（学習観）や，学習の仕方（学習方略）には**個人差**があり，学習の動機づけや行動とも無関係ではない。辰野（1997）によると，学習方略（Learning Strategy）とは，「学習の効果を高めることをめざして意図的に行う心理操作あるいは活動」[13] と定義されている。学習方略を変えることによって，学習者自身が自分にとって最適な学習方略を見出すこと（市川，2000）[14] や，学習意欲が向上すること（市川，2001）[15] および自己制御学習方略が注目されている。

個人差
自分と他者との比較によって生じる差異。

4 学習方法の分類

1 発見学習

デューイ（Dewey, J.）に代表される，**児童中心主義**的な教育観を背景に，ブルーナー（Bruner, 1961/1963）は，子どもの興味・関心に基づく探索的な学習を発見学習とよんだ[16)]。発見学習には，課題の把握，仮説の構成，仮説の精錬，仮説の検証，仮説の一般化といった5つのプロセスがあり，さらに深く探究しようという意欲や知的好奇心が芽生え，知識の安定化や体制化が行われ定着するという長所がある。だが，子どもの自発性や能動性を重視するため，多大な時間と労力を費やしても学習の成果が見えにくいという欠点もある。そこで，発見学習の理念を生かしながら，生徒間による話し合い活動を取り入れた仮説実験授業（板倉，1974）[17)]や，協同学習（第7章参照）などの授業方略が考案され，多様な実践が行われている。

児童中心主義
子どもが生活体験のなかで自然に発達する権利と自由を保障し，興味・関心に基づく教育カリキュラムや内容を展開する教育方法。

2 有意味受容学習

オーズベルは，学習方法を機械的な暗記による次元と有意味的な次元，発見的か受容的かという4つの次元に分類した（図6-8）。オーズベルは，学習において重要なことは，新しい知識と既有知識の関連づけであり，そのためには，**先行オーガナイザー**を提示することが効果的であるとした。

先行オーガナイザー
これから学ぼうとする知識の概略（枠組み）や関連情報を事前に提示することによって，学習者の既有知識と関連づけによる理解の促進を図ること。

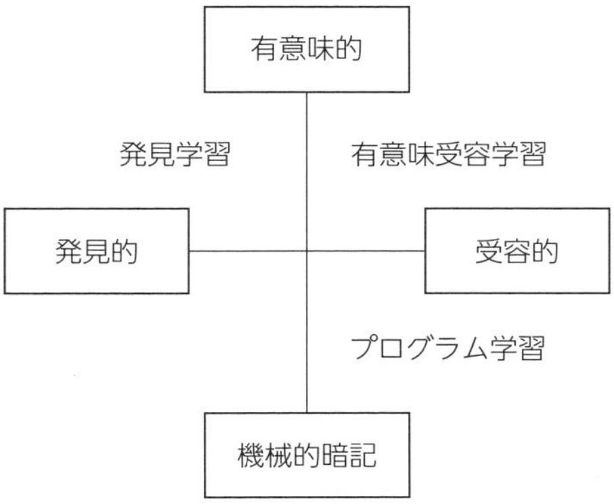

図6-8　学習方法についての分類

出典：Ausubel, D. P., "The facilitation of Meaningful Verbal Learning in the classroom", *Educational psychologist*, 12, 1977, pp. 162-178

3 プログラム学習

スキナーが，オペラント条件づけ（本章 1 1（2）参照）を基に，開発した学習方法である。プログラム学習は，① 問題の提示，② 学習者の反応，③ 反応の正誤フィードバックから構成される。また，表6-4に示す原理に従って，さまざまな学習場面で活用されている。

表 6-4　スキナーによるプログラム学習の原理

スモールステップ	問題を具体的で単純なレベルに分割し，下位レベルの問題から上位レベルの問題に一歩ずつ進捗し，最終目標に到達する。
即時フィードバック	問題を解くとすぐにその正誤を知らせ，誤答の場合は再度挑戦させる。
積極的反応	学習者自身による自発的・能動的な反応を強化する。
自己ベース	下位レベルから上位レベルへの進捗状況の個人差を配慮する。
ヒント後退（フェイディング）	下位レベル習得の最初の段階ではヒントを与え，徐々にヒントを少なくして主体的な学習行動を促す。

出典：Skinner, B. F., “The science of learning and the art of teaching”, *Harvard Educational Review*, 24, 1954, pp. 86-97

5　学習指導の形態と個に応じた指導・支援のあり方

1　全体（一斉）指導方式

教師がすべての子どもに共通した教材を用いて，同時に同一内容の講義を行う授業方式である。教師主導で効率的に授業を進めることができるという長所がある一方，① 子どもが受身になってしまうこと，② 子ども同士が学級集団で学びあう機会が失われてしまうこと，③ 子どもの個人差や理解の度合いを教師が十分に把握できない，という短所もある。

2　小集団指導方式

全体指導方式のなかにグループ活動を取り入れたもので，代表的なものには塩田芳久のバズ学習や，アロンソンらのジグソー法がある（第７章参照）。これらは，協同で学ぶことによって子ども同士が円滑にコミュニケーションを図り，それぞれの子どもの学習の精緻化，最適化を目指している。

3　個別指導方式

教師が１人（または数名）の子どもに対して，子どもの特性や内容理解度に応じて指導を行う方式である。個の特性や目標に応じた内容を進めることができるが，教師の主観や方法による偏り，役割が固定化し協同性を育む機会を失う可能性もあるため，他の方式と併用することが望ましい。

4　チーム・ティーチング（Team Teaching: TT）

専門性，経験，指導スタイル，性別などが異なる複数の教師が分担・協力して同一授業を運営する授業方式である。たとえば，一方の教師が全体指導を担当し（メインティーチャー：MT），もう一方の教師（サブティーチャー：ST）が机間指導や個別対応をしながら，ノート記述などの個別指導を行う。個々の教師の指導特性が活用でき，生徒の理解度を把握しやすいが，目標を共有し円滑なコミュニケーションを図る必要がある。

5　適正処遇交互作用

クロンバック（Cronback, L. J., 1957）[18]は，すべてのひとに，等しく最適な教授法はない，という前提で**学習適性**によって効果的な教授方法が異なることをATI（aptitude treatment interaction）の概念で示した。一方，北尾ら（2006）は，ある指導法による学習効果が十分でない場合には，**処遇**を変えるだけではなく，子どもに欠落している学習適性を育むという，適性形成的視点も教育上は重要であることを指摘している[19]。

学習適性
学習の前提条件となる子どもの知能，性格，意欲，認知や学び方など，内面にある特性。

処遇
個人差に応じて変えることができる指導方法。

6　学習の個人差を考慮した授業づくり

子どもには個人差があり，それによって学び方や考え方も異なる。子どもの実態や集団の特徴を十分に把握・理解したうえで，個人差に応じた学習形態の工夫やICTの活用が求められている（第14章参照）。教師は日頃から子どもをよく観察し，体験を共有し，真剣に向きあうことによって，子どもから信頼される。個人差を考慮した授業の土壌は学級であり，それを掘り起こし，実践に活かすことが教師に求められる力量である。

【引用・参考文献】

1）Schunk, D. H., *Learning theories: An educational perspective (4th ed.)*, Upper Saddle River, NJ: Pearson Education, 2004

2）市川伸一・伊東裕司編著『認知心理学を知る［第3版］』ブレーン出版，1996年，pp. 1-6

3）Köhler, W.，宮 孝一訳『類人猿の知恵実験』岩波書店，1962年

4）Lave, J. and Wenger, E., *Situated Learning: Legitimate Peripheral Participation*, Cambridge University Press, 1991，佐伯 胖訳・福島真人解説『状況に埋め込まれた学習―正統的周辺参加』産業図書，1993年

5）Greeno, J. G., Collins, A. M. et al., “Cognition and learning”, In Berliner, D. C. and Calfee, R. C. (Eds.), *Handbook of educational psychology*, New York: Macmillan, 1996, pp. 15-46

6）佐伯 胖『共感―育ち合う保育の中で』ミネルヴァ書房，2007年，p. 44

7）Ebbinghaus, H., *Über das Gedächtnis*, Leipzig: Dunker, 1885

8）Johnson-Laird, P. N. and Wason, P. C., “A theoretical analysis of insight into a reasoning task” In Johnson-Laird, P. N. and Wason, P. C. (Eds.), *Thinking*, Cambridge University Press, 1977

9）Mueller, C. M. and Dweck, C. S., “Praise for Intelligence Can Undermine Children’ s Motivation and Performance”, *Journal of Personality and Social Psychology*, 75

(1), 1998, pp. 33–52
10) 稲垣佳世子「内発的動機づけに及ぼす外的強化の効果」『心理学評論』23(1)，1980 年，pp. 121–132
11) 鹿毛雅治『内発的動機づけと教育評価』風間書房，1996 年
12) Seligman, M. E. P., *Helplessness: On depression, development, and death*, San Francisco Freeman, 1975
13) 辰野千壽『学習方略の心理学』図書文化，1997 年
14) 市川伸一『勉強法が変わる本―心理学からのアドバイス』岩波書店，2000 年
15) 市川伸一『学ぶ意欲の心理学』PHP 研究所，2001 年
16) Bruner, J. S., *The process of education*, Cambridge, Mass: Harvard University Press, 1961，鈴木祥蔵・佐藤三郎訳『教育の過程』岩波書店，1963 年
17) 板倉聖宣編『はじめての仮説実験授業』国土社，1974 年
18) Cronbach, L. J., "The two disciplines of scientific psychology", *American Psychologist*, 12, 1957, pp. 671–684
19) 北尾倫彦・中島 実ほか『精選 コンパクト教育心理学―教師になる人のために』北大路書房，2006 年，pp. 76–77

◇◇ お薦めの参考図書 ◇◇◇◇◇◇◇◇◇◇◇◇◇◇◇◇◇◇◇◇◇◇◇◇◇◇◇◇

① 柏 まり・小林みどり編著『新・保育と人間関係―理論と実践をつなぐために』嵯峨野書院，2023 年

② 石上浩美編著『新・保育と言葉―発達・子育て支援と実践をつなぐために』嵯峨野書院，2022 年

③ サトウタツヤ・渡邊芳之『心理学・入門―心理学はこんなに面白い［改訂版］』有斐閣，2019 年

④ 市川伸一編『教育心理学の実践ベース・アプローチ―実践しつつ研究を創出する』東京大学出版会，2019 年

⑤ 三宮真知子『メタ認知で〈学ぶ力〉を高める―認知心理学が解き明かす効果的学習法』北大路書房，2018 年

第7章 協同学習

1 協同とは

「協同学習」の「きょうどう」の部分には「協働」「共同」「協調」などの類似した意味の語があてられることが多い。用語の整理が必要であろう。

関田・安永（2005）は，「**協同学習**（cooperative learning）とは協力して学び合うことで，学ぶ内容の理解・習得を目指すと共に，協同の意義に気づき，協同の技法を磨き，協同の価値を学ぶ（内化する）ことが意図される教育活動」であり，一定の条件を満たしたグループ学習が協同学習であると定義する[1)]。そのうえで，協同学習の成立要件を課さない，より広義の協同作業が組み込まれた学習活動の総称としては，**協調学習**（collaborative learning）がふさわしいとする。これに対し，三宅（2010）は，協調学習を「個人の理解やそのプロセスを他人と協調的に比較，吟味，修正する過程を経て一人ひとりが理解を深化させる学習プロセス。（中略）日常的な学習経験はほぼこの形をしている」と定義する[2)]。

現在，collaborative learning とその訳語としての「協調学習／**協働学習**」は，一定の定義をするのが困難なほど多義化が進んでいる状況があるが，協同学習も協調学習／協働学習も，教師による一方的な教え込みから脱却し，他者との学び合いを重視しようとする点で共通する。

以上をまとめると，何らかの学習活動を緩やかな協力関係のもとで一緒に行うというもっとも広義の定義にあたるのが「グループ学習／共同学習」であり，他人との協力的な学習活動が求められるのが「協調学習／協働学習」，さらにそのなかで一定の要件を課すものが「協同学習」ということになるだろう。

中央教育審議会（2014）は「新しい時代にふさわしい高大接続の実現に向けた高等学校教育，大学教育，大学入学者選抜の一体的改革について（答申）」において，「課題の発見と解決に向けた主体的・協働的な学習・指導方法である**アクティブ・ラーニング**への飛躍的充実を図る」としているが[3)]，学習形態をグループに変更すれば，主体的・協働的な学びが実現するわけでない。構造化された授業づくりの方法論が必要になる。

協同学習（cooperative learning）
「協同」（cooperative）は「助け合いながら事を行う」という意味であるが，cooperative learning となると独自の意味と歴史を持つ用語となる。

協調学習（collaborative learning）
認知科学・学習科学の分野では，協調学習が使われることが多い。三宅は，協調学習の1つとして「知識構成型ジグソー法」を推進した。

協働学習
協働学習は幅広い意味で使われ，多義化が進んでいる。collaborative learning だけでなく，cooperative learning の訳語として使われる例もある。このような用語の混同はアメリカなど諸外国でも起こっている。

アクティブ・ラーニング
学習者の能動的な学修への参加を取り入れた教授・学習法の総称。発見学習，問題解決学習，グループ・ディスカッション，ディベート，グループ・ワークなどが有効な方法とされる。

重松・霜田ら（1971）は，「たとい小集団の学習形態をとっていても，一斉指導のとき以上に各人を孤立化させたり，集団に埋没させたりする場合がある。したがって，相互の働きかけ合いそれ自身が問題なのである。形態は一方的な講義であっても，受けている子どもたちみんながそれを主体的に吟味し聞いている場合もあるし，活発な話し合い形式をとっても，同じことのくり返しで内容が深まらない場合もある」と指摘しているが[4)]，このような諸問題を引き起こさないようにするために，協同学習はいくつかの成立条件を課すとともに，その条件を満たすための具体的な手だてを数多く用意している。

「協同学習」理論を代表する学者として，ジョンソン兄弟やケーガンなどがよく挙げられるが，子どもたちが課題を真摯に追究し，学び合う授業づくりは，日本の学校で古くから実践され，研究されてきた。その蓄積が**日本の協同学習**実践を豊かで実り多いものにしている事実も忘れてはいけない。

日本の協同学習
古くは「集団学習」（末吉，1959）[5)]や「バズ学習」（塩田，1989）[6)]なども，全員参加の授業を目指し，学習者の考え方の多様性と相互作用を活用するために小集団による協同的な学習方法を追究していた。

2 協同学習の要件

1 協同学習の学習観

ジョンソン・ジョンソンら（1991/2001）によると，協同学習の学習観は**社会的構成主義**とよばれる新しいパラダイムにたっている。この学習観では，知識は児童生徒と教師の共同参画によって構築されるものと考える。児童生徒は知識を一方的に注ぎ込まれる容器ではなく，知識の積極的な構築者であり，発見者である（表7-1）[7)]。ここでは，自分のためにも，仲間のためにも真剣に学ぼうという協同の精神を共有することが大切になる。学び合いは，馴れ合いの仲間関係では実現しない。むしろ切磋琢磨という言葉に象徴される。

社会的構成主義
学習を含めて世の中のすべての事実と意味は社会的に構成されていると考える立場。学習を個人の営みではなく，社会的な営みとして捉える。

表7-1 教授観の新旧パラダイムの比較

	古いパラダイム	新しいパラダイム
知識	学習者への伝達	学習者と教師の共同参画による構築
児童生徒	教師の知識を注ぎ込まれる容器	自分自身の知識を積極的に構成，発見，変形する者
教師の目的	学習者の分類，序列化	学習者の力量や才能の発展
人間関係	学習者間，教師・学習者間の人間味のない関係	学習者間，教師・学習者間の個性的・人間的な心の交流
教育の状況	競争的または個別的	教室では協同的な学習，教師間では協同的なチーム
教授の前提	知識のエキスパート（専門家）なら，誰でも教えられる	教えることは複雑な営み よく考えられた訓練を必要とする

出典：Johnson, D. W., Johnson, R. T., et al., *Active learning: Cooperation in the college classroom*, Interaction Book Company, 1991, pp. 1-7（ジョンソン，D. W.，関田一彦監訳『学生参加型の大学授業―協同学習への実践ガイド』玉川大学出版部，2001年）

2 ジョンソンたちの協同学習の定義

ジョンソン・ジョンソンら（2010）は，効果的な協同を生み出す処方箋として，以下の５つの基本要素を組み込むことを求めている[8)]。

（1）互恵的な協力関係（肯定的相互依存）

これは「皆はひとりのために，ひとりは皆のために」という言葉に象徴される。協同的なグループの活用は，お互いに利益がある協力関係を構築することから始められる。グループメンバーが互恵的協力関係を理解することで，① １人１人の努力が必要不可欠であること（ただ乗りはありえないこと），② 各メンバーには課題遂行への役割や責任があり，自分の情報資源を持つゆえに共同作業に対する独自の貢献が求められること（無為なぶらつきもありえないこと），が明確になる。互恵的な協力関係は，メンバーの相互交渉を促進し，仲間意識を高め，より高い成果を生むもととなる。

（2）個人の責任

グループ全体としての成果が評価されるとき，グループとしての責任が存在する。グループの成功のために，自分にはきちんとこなす役割があるとメンバーに認識されているとき，個人としての責任が明確になる。生徒は，仲間と一緒に学び，それから１人でも成し遂げられるようになる。つまり，協同グループの目的はメンバー１人１人が強い個人として成長することであり，個人の責任こそが個人が成長していく鍵である。

（3）相互作用の促進

協同グループでは，それぞれのメンバーが首尾よく課題を達成できるよう，お互いに顔と顔とをつき合わせた支え合いが求められる。グループ目標に到達するために，１人１人が仲間の課題達成への取り組みを励ましたり，促したりするとき，そこには促進的な相互作用が見られる。お互いを成功へと促し合うことを通して，グループメンバーは教科学習面と個人的側面の両面での支え合いの体制を築いていく。

（4）社会的スキル

協同学習を行うためには，互いに効果的に活動するのに必要なグループ技能と対人的技能を生徒たちに教える必要がある。共通目標の達成を目指して協調していくために，生徒たちは，① 相手をよく知って，信頼し合い，② 正確かつ曖昧でないコミュニケーションを行い，③ お互いに相手を受け入れ，

ジョンソンたちの協同学習
活発な相互交流を行ううえでさまざまな集団的技能の活用が奨励され，その活用の仕方を振り返る改善手続きを実施する。このように授業レベルで協同学習を捉え，授業全体を構造化する。

肯定的相互依存
(positive interdependence)
お互いに高め合う相互関係のこと。逆の「否定的相互依存」とは足の引っ張り合いの関係である。

支え合い，④ 対立を建設的に解決しなければならない。社会的なスキルは，より高い成果をあげることを促すだけでなく，メンバー間のより積極的な関係の構築にも寄与してくれる。

(5) グループの改善手続き

メンバーがいかに効果的に協力し合えるかについて，グループとして常に改善を図る必要がある。そのため，グループがいかにうまく機能したかについてのきちんとした振り返りがなされなくてはならない。グループの改善手続きとして以下の5つがある。① メンバーの相互作用の質の観察と評価，② 各グループとメンバーへのフィードバック，③ グループ活動の改善について各グループの目標設定，④ クラス全体の改善手続き，⑤ グループとクラス全体の学習活動への賞賛。以上のような改善手続きは，メタ認知レベルの思考を促し，メンバーの望ましい行動を強化する。

以上のような5つの基本要素が満たされているグループ学習を，単なるグループ学習と区別して協同学習とよぶ。むろん，すべての要素が最初から満たされることはないが，その達成を意識しながら，積極的に取り組んでいるグループ学習も，協同学習とよぶことができる。

また，チーム間の競争を用いた学習活動や，インターネットを活用して時間や空間の制約を超えて協調的に学習活動を行う場合でも，上の条件を満たしていれば，協同学習の一形態と見なすことができる。

3 ケーガンの協同学習の定義

ケーガンの協同学習
ケーガンは200以上の協同学習の技法を収集・開発してまとめあげ，ストラクチャーとよんでいる。ストラクチャーは囲碁における定石や手筋のようなもので，授業のなかで使われる1つ1つの小さな技法に焦点化している。

ケーガン（1994）は協同学習の基本要素として「活動の同時性（同時相互作用）」「肯定的相互依存」「個人の責任」「参加の平等性」の4つをあげ，これらの基本要素が備わっているグループ活動を協同学習とよんでいる。「肯定的相互依存」と「個人の責任」は，ジョンソンらの「互恵的協力関係（肯定的相互依存）」と「個人の責任」と，ほぼ同じ内容である。

ケーガンが重視する「活動の同時性」とは，多くのメンバーが同時に学習活動に参加することを指す。たとえば，教室の40名を10グループに分けて4人グループで学習活動をさせるなら，10個の学習プロセスが同時並行で走る。ペアにすれば，20プロセスが同時に走る。短時間あたりの1人の学習参加密度は必然的に高いものになるので，一斉授業のときのように授業中に寝る（学びから逃走する）ことは困難となる。次に「参加の平等性」とは，グループのメンバーが平等に学習活動に参加している状態を指す。ある1人が話し続けることは，定められた時間を独り占めして他のメンバーの学習参加を妨げることになるので望ましくない。「活動の同時性」と「参加の平等性」の観点は，その時々のグループ学習が効果的に機能しているかどうかをチェックするのに役立つものである[9)]。

3　協同学習を取り入れた授業づくり

1　個人思考と集団思考の組み合わせ

協同学習では，１つの単元または１つの授業過程のすべての時間がグループ活動で終始するとは限らない。むしろ授業設計に協同学習の技法（ケーガンのいうストラクチャー）を選んで適切に組み入れることで授業全体を構造化するイメージで考えた方が，授業づくりは行いやすいだろう。その際，個人思考と集団思考を適切に組み合わせた学習過程を計画することが望まれる。生徒たちが自分自身の考えを持たずに話し合いに参加した場合，前節で述べたように，優れた他のメンバーの意見をただ聞くだけ，グループの答えをただ写すだけという「ただ乗り」状態になりやすいからである。

この個人思考と集団思考の適切な組み合わせは１つだけでない。教師は，学習の目的や学習状況によってさまざまなパターンを採用できる。その代表的な組み合わせパターンを以下に示す。

例１：個人思考→集団思考（グループ・ペア）→個人思考（振り返り）
例２：個人思考→集団思考（グループ・ペア）→集団思考（クラス全体での対話）
例３：集団思考（グループ・ペア）→個人思考（１人でもできるようになる）

協同学習法を適切に用いた授業では，生徒たちは，お互いの意見や考え方の差異に気付き，お互いの考え方が違うからこそ仲間の学びが自分の利益になり，自分の学びが仲間の役に立つことを繰り返し体験することになる。

2　ペア学習の活用

ペア学習はもっとも使いやすい基本的な方法である。一斉授業では子どもたちは教師に指名されるまで（自分の番がくるまで）自分の考えを話せないが，ペアやグループで話し合うなら自分の考えやアイデアを言語化する機会を全員が平等に持てる。意見を引き出したい，知識を確認させたい，音読させたいときなど，どんな場合でもよいので，一斉授業のなかにペア学習の時間を取り入れると，クラスのメンバー全員が生き生きと活動する。

「交互発言法」（英語名：Rally-Robin）は，ペア学習の基本である。まずペアをつくる。教室の席の横隣の仲間（ショルダーパートナー）と組むと簡単にペアができる。各ペアは交互に自分の考えやアイデアを相手に話す。一方が話しているとき，相手は傾聴し，その後，質問やコメントを加える。パートナーと話し合うことで，他者の視点を通して自分の考えが明確になる。

ペア学習はあらゆる学習場面で効果的に活用できるので，教師はいろいろに使ってみるとよいだろう。たとえば，「交互読み」はテキストを交互に読む。ペアの1人が音読しているとき，パートナーはそれをしっかり聞き，間違いなどに気付いたら指摘する。「交互再話」では，相手の話した内容をパートナーがよく聞いて覚え，復唱する。

「ホップ・ステップ・クラス」（英語名：Think-Pair-Share）は，課題について自分1人で考えてから，ペアになってお互いの考えやアイデアを分かち合う。次に教師がランダムに指名し，指名された者はペアで話し合ったこと（自分の考えだけでなくパートナーの発言や話し合いの過程で新たに生まれた考え）をクラス全体に向かって発表する。ジェイコブズら（2005）は，「ホップ・ステップ・クラス」は単独の協同学習技法と考えるより，多岐にわたる技法の出発点と考えるのが一番よいと述べている。たとえば，第1ステップとして「考える」代わりに「書く」を持ってくれば，『鉛筆ホップ・ステップ・クラス』になる。考えることや書くこと以外にも，第1ステップとして絵を描く，観察する，（図書館，インターネット，その他で）調べる，実験をするなどさまざまに応用できる[10)]。

3　グループの活用

ペア学習は，ケーガンが重視する「活動の同時性」を高いレベルで保障するが，2人だけの活動なので意見の多様性は限られるという欠点がある。これに対し，グループでの学習では人数が増えた分，複雑な相互交流のパターンが生まれる。主な学習技法を紹介する。

「輪番発言法」（英語名：Round-Robin）は，グループ内でそれぞれが考えた答えを順番に述べていく方法である。「お互いの学びを気遣う」「時間を独り占めにしない」「要点を簡潔に話す」（関田，2004）ことは，グループ討議における大切な心得の1つである[11)]。フリーな議論では限られた人ばかりが発言して，他の人が発言できないことがあるが，順番に話すことで，グループ全員に平等な発言の機会が与えられる。順番に話した後に，その各自の意見をもとにフリーな討論に移るようにするのも良い方法だろう。どんな話し合いをしたかをワークシートに書かせたり，各グループにどんな話し合いをしたかを発表させたりすると，それらの多様な考えやアイデアをクラス全体でも共有できる。

また，与えられた課題について4人程度のグループで討論する「バズセッション」を入れる学習方法はさまざまな場面で広く行われている。たとえば，水野（2006）は，4人グループが小説の主題について話し合う場面の分析で，6秒に1回の発言が行われ，教室全体の討論とは異なる協同的問題解決方略が使われていたと報告した。一斉授業でそれほどの発言があったら授業が成立しないが，メンバーが身体を寄せ合い，共通理解をめざして親密かつ真剣に話し合うことで高密度な相互交渉が可能になる[12)]。

課題についてグループで討論するときに，進行係（司会）・記録係（書記）のほかにも時計係・点検係のように役割責任を与えたり，話し合いの手順をルール化して明示したりすることは，メンバーの参加意識を高め，話し合いの技能を育てる方策の1つとなる。

「ホップ・ステップ・クラス」や「バズセッション」に見られる「個人思考（まず自分で考える）→集団思考（ペアやグループでの考えを分かち合い，討論する）→集団思考（クラス全体で討論やまとめを行う）」という学習過程は，さまざまな学び合いの授業を設計するうえでの基本的なパターンとなる。

「ジグソー法」（英語名：Jigsaw Method）は，ホームチーム（オリジナルグループ）のメンバーがそれぞれ分割された学習材について「専門家チーム」で学習してからホームチームに戻って教え合う方法である。以下に基本形を紹介する。① 最初に「ホームチーム」とよばれるグループを作る。教師は学習する教材資料をグループの人数分に分割し，ホームチームの各メンバーはそれぞれ分割された部分を分かち持つ。この部分がジグソーパズルのピースにあたる。② 各メンバーはホームチームを離れ，同じ部分を分担した者同士が集まって「専門家チーム」を作って学習する。ここで自分たちの分担部分を自分のホームチームのメンバーにうまく教えるための工夫を考えあう。③ 各メンバーは自分のホームチームに戻り，自分の分担部分を教え合い，互いに質問したり話し合ったりすることで，ホームチーム全員が教材資料全体を理解する。④ 全員が全体を学べたかを調べる小テストを受ける。または，すべての情報を必要とする課題をホームチームで遂行する。

「学習前・学習後」（Before and After）は，「学習前テスト」の後に，グループでテスト勉強をし，「学習後テスト」を個々に受ける方法である。教師は学習しなければならない重要な点について問う「学習前テスト」を作成して実施する。各グループメンバーは相互に答えを採点しあった後，間違った問題をチェックする。その後，グループで協力してそのテスト範囲の勉強をし，「学習後テスト」を受ける。「学習後テスト」を終了した後，再び相互に

ジグソー法
異なるパーツが組み合わされてジグソーパズルが完成するように，分割された教材を学習した後で，それぞれのパートの知識を持ち寄って教え合い，理解を構成する。
ジグソーにはさまざまなバリエーションがある。一般的なジグソー法ではホームチームのなかで元の資料を知っているのは1人だけであるが，「ジグソー2」では学習内容を示したテキストを共有したうえで，その各部分を専門家チームで学ぶ。

答えを採点しあう。グループメンバー全員の学習成績を向上させることがグループの目標になるので，各グループメンバーはグループに対して一定の責任を担って学習することになる。

協同学習の技法は200種類以上あるとされるが，ペア学習やグループ学習をどう組織化するかという観点でそれらを整理してみると基本的なパターンはごく少数に限られる。これらの協同学習の基本コンテンツのパターンを変形させたり，題材を工夫したり，複数の授業コンテンツを組み合わせたりすることで，教師はバラエティに富んだ協同学習コンテンツを生み出すことができる。しかし，たくさんの協同学習コンテンツが存在するからといって，それらをお好み・日替わりで試してみるような導入方法はお勧めできない。むしろ，毎回の授業にペアやグループでの学習（アイデアの出し合いや意見交換など）の機会を複数回入れるように心掛け，生徒たちに**学習全体の見通し**を持たせた方が，教室の学びは楽しく深いものになるだろう。

学習全体の見通し
杉江（2011）は，単元開始時に子ども自身に単元全体の学習の見通しをもたせることの大切さを強調し，その学習法を「単元見通し学習」とよぶ[13]。

4 これからの協同学習のあり方

これからの学習では，生徒が問題を発見し，それを協働的に解決する過程で学びが深まるような授業設計が求められる。アクティブ・ラーニング（能動的学習）では，認知プロセス（記憶したこと・感じたこと・気付いたこと・疑問に思ったこと・考えたこと・分析したことなど）を何らかの形で外化する（アウトプットする）ことが求められる。しかし，アクティブ・ラーニングにおける外化（アウトプット）ばかりを強調しすぎると，にぎやかに盛り上がっているけれど，底が浅く，新しい気付きも，深まりもない学習になりかねないので注意が必要である。良い学びには「深さ」と「間（ま）」（沈思黙考）が必要である。つまり，「内化」と「外化」は車の両輪である。

今後の協同学習の授業設計においては，外化と同じか，それ以上に，相互作用（学習の絡み合い・練り合い）の過程と内化（理解を自分のものにすること）の過程を大切にしなければならない。我々は自分の考え・気持ちを聞いてくれる（または読んでくれる人）がいると思うから話せる（書ける）。互恵的な協力関係（肯定的相互依存）と個人の責任に依拠する協同学習は今後，ますます重要な役割を果たすだろう。

【引用・参考文献】

1）関田一彦・安永 悟「協同学習の定義と関連用語の整理」『協同と教育』 1，2005年，pp. 10-17

2）三宅なほみ「協調的な学び」，佐伯 胖監『「学び」の認知科学事典』大修館書店，2010年，pp. 459-478
3）中央教育審議会「新しい時代にふさわしい高大接続の実現に向けた高等学校教育，大学教育，大学入学者選抜の一体的改革について―すべての若者が夢や目標を芽吹かせ，未来に花開かせるために（答申）」2014年，p. 10（https://www.mext.go.jp/b_menu/shingi/chukyo/chukyo0/toushin/1354191.htm，2024年2月22日閲覧）
4）重松鷹泰編，霜田一敏・白岩善雄『授業における集団化研究』明治図書出版，1971年，pp. 197-198
5）末吉悌次編『集団学習の研究』明治図書出版，1959年
6）塩田芳久『授業活性化の「バズ学習」入門』明治図書出版，1989年
7）Johnson, D. W., Johnson, R. T. et al., *Active learning: Cooperation in the college classroom*, Interaction Book Company, 1991, pp. 1-7（ジョンソン，D. W.・ジョンソン，R. T. ほか，関田一彦監訳『学生参加型の大学授業―協同学習への実践ガイド』玉川大学出版部，2001年）
8）ジョンソン，D. W.・ジョンソン，R. T. ほか，石田裕久・梅原巳代子訳『学習の輪―学び合いの協同教育入門［改訂新版］』二瓶社，2010年
9）Kagan, S., *Cooperative Learning*, 2nd ed., San Juan Capistrano, CA: Resources for Teachers, 1994
10）ジェイコブズ，J.・パワー，M. ほか，関田一彦監訳『先生のためのアイディアブック―協同学習の基本原則とテクニック』日本協同教育学会，2005年
11）関田一彦「協同学習をどう進めるか」，杉江修治・関田一彦ほか編著『大学授業を活性化する方法』玉川大学出版部，2004年，pp. 57-76
12）水野正朗「源氏物語速読課題における協同学習による読解過程の分析」『協同と教育』2，2006年，pp. 38-46
13）杉江修治『協同学習入門―基本の理解と51の工夫』ナカニシヤ出版，2011年

◇◇ お薦めの参考図書 ◇◇◇◇◇◇◇◇◇◇◇◇◇◇◇◇◇◇◇◇◇◇◇◇

① 日本協同教育学会編『日本の協同学習』ナカニシヤ出版，2019年

② ケーガン，S.，佐藤敬一・関田一彦監訳『ケーガン協同学習入門』大学図書出版，2021年

③ ジョンソン，D.W.・ジョンソン，R.T. ほか，石田裕久・梅原巳代子訳『学習の輪―学び合いの協同教育入門［改訂新版］』二瓶社，2010年

④ 杉江修治『協同学習入門―基本の理解と51の工夫』ナカニシヤ出版，2011年

⑤ 和井田節子・柴田好章編著『協同の学びをつくる―幼児教育から大学まで』三恵社，2012年

第8章 パーソナリティの形成

1 パーソナリティと性格

1 パーソナリティ（personality）の語源

教育基本法第１条（教育の目的）
教育は，人格の完成を目指し，平和で民主的な国家及び社会の形成者として必要な資質を備えた心身ともに健康な国民の育成を期して行われなければならない。

教育基本法第１条（教育の目的）には，「人格の完成を目指し，平和で民主的な国家及び社会の形成者として（以下略）」とある[1)]。ここでいう「人格」という言葉には，社会的に望ましい人柄や環境に適応できる人という意味がある。一方，日常生活のなかでは，「あの人は性格がいい人だ」「あなたの性格は親ゆずりですね」というような会話がある。これらは相手の言動や反応からその人らしさについて判断されたものであり，一般的に通用している。

個人の心理的特徴を表す心理学用語は，気質（temperament），性格（character），人格（personality）の３つに分類できる（図 8-1）。気質は個人が示す情動的な反応であり遺伝的・先天的特性である。また，性格は気質に依存的な行動特性であり，その人らしさを示す特性である。さらに，人格は語源的には，仮面（persona）に由来するが，社会的状況や場にふさわしい役割を演じる（適応する）ために，自らの行動を調整したりする社会的な役割を示す特性である。これら３つの特性が内包関係にあること，性格と人格の境界や区分する意義が曖昧であること，個人の心理的特徴は行動だけではなく環境や状況において生成する概念であることから，最近では「パーソナリティ」というカタカナ表記を用いる傾向がある。そこで本章ではパーソナリティという言葉で統一する。

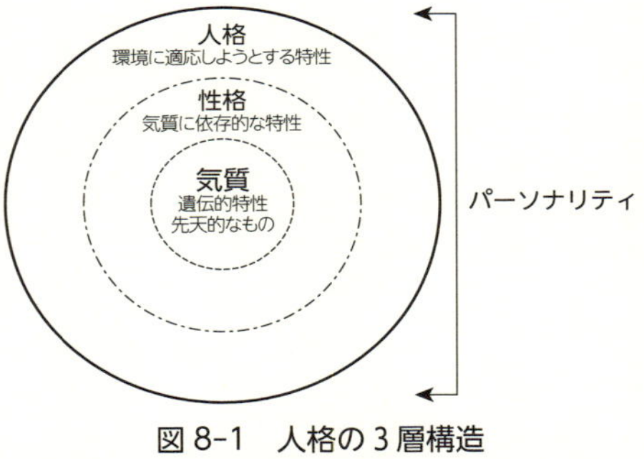

図 8-1　人格の３層構造
出典：宮城音弥『性格』岩波書店，1960 年，相場均『性格―素質とのたたかい』中央公論新社，1963 年を基に著者作成

2 パーソナリティの定義

オルポート（Allport, 1961）[2)]は，パーソナリティは「個人の内面に存在し，その人の特徴的な行動と考えを決定づける精神身体的体系の動的組織」であるとした。すなわちパーソナリティとは，個人の内面に存在する心の構成概念である。その人らしさをあらわし行動に影響をおよぼすもの（他者とは比較できない）を個人特性，他者との比較が可能なものを共通特性とした。

2 パーソナリティの基礎理論

1 類　型　論

古代ギリシャで医学の祖といわれたヒポクラテス（Hippocrates）の体液病理説によると，病気になるのは，体液のバランスが崩れているからだという。この考え方を基に，ガレノス（Galènos）は，病気と気質とを結びつけた４**気質説**を提唱した。その後，人の外見と病気を基に気質を類型化する理論が複数出現した。以下いくつか整理する。

類型
ある特徴を典型例にあてはめてグループに分類しタイプ分けをすること（例：血液型）。

ガレノスの４気質説
血液：多血質（快活・明朗・社交的・楽天的），黄胆汁：胆汁質（せっかち・短期・野心的），黒胆汁：憂うつ質（心配性・不安症・寡黙），粘液：粘液質（公平・冷静・堅実）。

（１）クレッチマーの類型論

ドイツの精神科医クレッチマー（Kretschmer, E.）は，精神疾患患者の体型の違いに着目し，３類型論を示した（表 8-1）。ただしこれらの気質は疾患そのものではない。

表 8-1　クレッチマーの類型論

体型	病名	気質名	内容
細長型	統合失調症	分裂気質	• 内気，静か，真面目
			• 臆病，恥ずかしがり，神経質
			• 従順，善良，正直
肥満型	躁うつ病（気分障害）	躁うつ気質 循環気質	• 社交的，親切，温厚
			• 明朗，快活，ユーモアがある
			• 冷静，小心
闘争型	てんかん	粘着気質	• 執着，几帳面，秩序的
			• 融通が利かない

出典：Kretschmer, E., *Körperbau und Charakter: Untersuchungen zum Konstitutionsproblem und zur Lehre von den Temperamenten*. Berlin: Springer, 1921（クレッチマー，E.，齋藤良象訳『体格と性格』肇書房，1944 年）を基に著者作成

（２）シェルドンの類型論

シェルドンら（Sheldon, W. H. & Stevens）は，体格と気質の関係（胚葉起源説）から，気質を内胚葉型（肥満型・内臓緊張型：消化器系），中胚葉型（筋肉型・身体緊張型：筋肉・骨格系），外胚葉型（やせ型・頭脳緊張型：神経系）の３類型を示した。

（３）ユングの類型論

ユング（Jung）は，心的エネルギー（リビドー）の方向性から意識的態度を内向性―外向性の２つに分類し，その下位水準にある心理的機能として合理機能（思考―感情）と非合理機能（感覚―直感）を設定した。そして，これら

価値観（evaluation/assessment）
個人が物事を判断しようとするときの基準や規範。経験や教育，文化的背景や環境によって培われ，行動や選択・意思決定に影響を与える。集団や社会においても，共有された価値観によって学校文化や雰囲気が形成される。

特性（trait）
個人が持つ固有の性質に基づく一定の行動傾向。

共通特性
多くの人に共通して存在するもの。

因子分析
いくつかの変量データから背景にある共通点を探索する分析手法。多変量解析の1つ。

表面特性
行動や表情など外部から観察できる特性。

根源特性
表面特性の背後に存在する特性。

16PF
「服従―支配」「冒険―臆病」「懐疑―信頼」「急進―保守」の4因子の程度と組み合わせをもとに16因子を抽出。

モーズレイ性格検査（MPI）
「外向性―内向性」および神経症的傾向を測定するために，それぞれ24項目ずつ質問がある質問紙検査。

を組み合わせた8類型（2×4）タイプ論を示した。

（4）シュプランガーの類型論

シュプランガー（Spranger, E.）は，価値への指向性（**価値観**）を基に，理論型，経済型，芸術型，権力型，宗教型，社会型の6類型を示した。価値観は個人の生き方そのものを決定する重要な概念であると同時に，対人関係や集団形成にも影響を与えやすい概念であり，状況や環境によって変わる場合もある。

2　特 性 論

（1）ゴルトン（Galton）の特性論

パーソナリティに関する言葉（単語・語彙）に注目し，辞書的に収集した言葉のなかから個の**特性**に適合する言葉を用いてパーソナリティを表現した。このようなアプローチを語彙アプローチという。

（2）オルポートの特性論

オルポートら（Allport & Odbert）は，ウェブスター新国際辞典から約18,000語を抽出し，パーソナリティに関する言葉，気分を表す言葉，価値判断を表す言葉や身体的特徴を表す言葉を整理・分類した。その結果，パーソナリティ特性を表す単語として約4,500語を抽出し，**共通特性**と個人特性に分類した。これらを用いて個人のパーソナリティの特徴を図示したものがサイコグラム（psychogram）である。

（3）キャッテルの特性論

キャッテル（Cattell）は，スピアマン（Spearman）の知能研究のなかで用いられた**因子分析**の手法によって，オルポートらの抽出した約4,500語の再構築を行い160語にまとめた。そして，パーソナリティ特性に関する単語を**表面特性**と**根源特性**として追加した4次元特性を提唱し，その後さらに因子分析を用いて16のパーソナリティ因子（**16PF**）を見出した。

（4）アイゼングの特性論

アイゼングら（Eysenck & Rachman）は，パーソナリティの基本次元を2因子（外向性―内向性，神経症傾向）にあるとし，パーソナリティの4層構造を提唱した（図8-2）。この2因子構造を基に開発された質問紙検査が**モーズレイ性格検査**（**MPI**）である。また，のちに精神病質次元を追加し3因子とした質問紙検査が**アイゼング性格検査**（EPI）である。

（５）ギルフォードの類型論

ギルフォード（Guilford）は，ギルフォード・ジマーマン気質検査をはじめ，因子分析を用いた複数のパーソナリティ検査を開発した。これらを基に開発されたものが **Y-G 性格検査**である。

（６）ビッグ・ファイブ論

パーソナリティは言語的に表現される概念である。ビッグ・ファイブ（５因子モデル）を提唱したコスタとマクレー（Costa & McCrae，1992）[3] によると，人のパーソナリティ特性は５つの基本特性で示される。その下位次元がそれぞれ６つ，さらにそれぞれの下位次元には８つの評定項目がある。表 8-2 に５つの因子を示す。

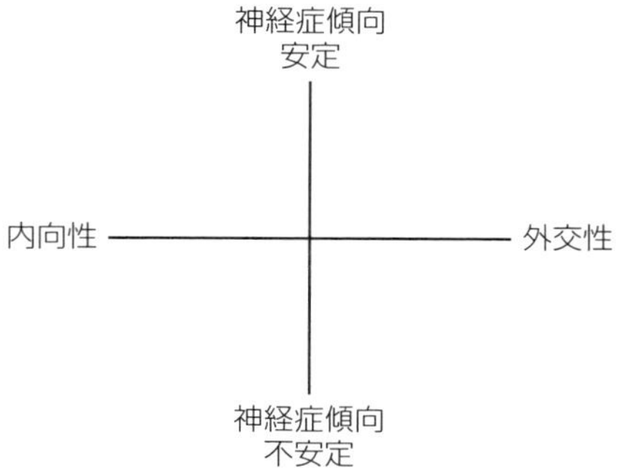

図 8-2　アイゼングの二次元パーソナリティ構造

出典：Eysenck, H. J. and Rachman, S., *The Causes and Cures of Neurosis:An Introduction to Modern Behaviour Therapy Based on Learning Theory and the Principles of Conditioning*, Kegan Paul, 1965（アイゼンク，H.J.・ラックマン，S., 黒田実郎訳編『神経症―その原因と治療』岩崎学術出版社，1967 年）を基に著者作成

アイゼング性格検査（EPI）
MPI の２因子に「精神病傾向」を追加した３因子による質問紙検査。

Y-G 性格検査
ギルフォードのパーソナリティ検査をモデルに，日本人向けに改良された 120 項目による質問紙検査。

表 8-2　ビッグ・ファイブの因子モデル構造

因子名	内容
神経症傾向（Neuroticism）	不安，敵意，抑うつ，自意識，衝動性，傷つきやすさ，情緒の不安定さを示す
外向性（Extraversion）	積極的，活動的，刺激を求めやすい，他者と一緒にいることを好む，興味関心の方向が自分の外側
開放性（Openness）	知的好奇心が強い，未知なるものへの興味関心が高い，創造性豊かなアイデア・言語表現力
協調制（Agreeableness）	信頼，実直さ，慎み深い，優しい，他者の気持ちを察知したり信用したりしやすい，寛大，調和的
勤勉性（Conscientiousness）	誠実，秩序正しい，良心的，自己鍛錬，慎重，計画性が高い，集中，作業効率がよくミスやエラーが少ない

出典：Costa,P.T. and McCrae,R.R., *Revised NEO Personality. Inventory（NEO-PI-R）and NEO Five-Factor Inventory（NEO-FFI）professional manual*, Odessa, FL :Psychological Assessment Resources, 1992 を基に著者作成

3　パーソナリティの発達

1　自我と自己

自我（ego）とは自分が考える自分（アイデンティティ）である。一方，自己（self）とは，他者や環境との相互的なやり取りや関係性のなかから認識される自分（パーソナリティ）である。

幼児期の発達用語の１つである「**自我の芽生え**」という言葉は，日常的に

自我の芽生え
子どもの自発的欲求に基づく行動や「自分でやってみたい」という意思表出。

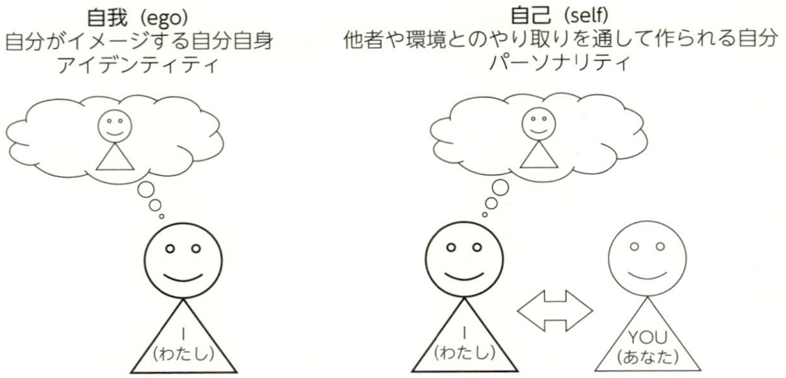

図 8-3　自我と自己のイメージ図（著者作成）

もよく使われる。これは，パーソナリティの発達とも関連することである。子どもはおおむね1歳後半～2歳頃になると1人で立ち歩き，身体を自由に動かすことができるようになる。そして，徐々に行動半径が広がり，養育者（主に母親）を**安全基地**とした探索行動が見られるようになる。この時期には**三項関係**が成立し，自分の周り（環境）には他者やものが存在することを意識化できるようになる（第2章図 2-4 参照）。

言語発達面においては1～2語の発話が見られ，身ぶり手ぶりを交えながら自分の欲求や要求だけではなく，感情や意思を伝えようとしたりする。そして，興味・関心のある対象を指差しながら相手の注意をひこうとしたりする。さらに，3歳頃にはものの貸し借りや応答的なやりとりによって，他者や環境とかかわろうとする姿勢がみられるようになる。

このような言語的コミュニケーションを通して，子どもは自分には固有の名前があること，自分の好きなものや嫌いなもの，得意なことや苦手なことなど，自分自身についての知識（自己知識）を得ることができるようになる。また，感情面においても生後6ヶ月頃には**原初的感情**を経験し，1歳後半頃になると自己意識感情（困惑，共感，羨望）が芽生え始め，2～3歳頃になると評価的な自己意識感情（恥，罪悪感，誇り）への発達が見られる。子どもは他者とのやりとりや環境とのかかわり，体験の積み重ねを通して，自分と他者を比較（相対的評価）することによって，徐々に自己理解ができるようになる。

安全基地
子どもの愛着対象となる他者の存在であり安心感・信頼感を寄せる対象や環境。

三項関係
「自己―他者―対象」の3者。

原初的感情（基本感情）
喜び，驚き，悲しみ，怒り，恐れ。

内的ワーキングモデル（internal working model）
物事の考え方や枠組みの信念，イメージ，概念に相当するものである。乳幼児期の母子関係を通じて子どもの母親観・人間観・世界観・自己観が形成され，それは子どもの生涯を通じて行動に影響をおよぼすというもの。

2　パーソナリティの可変性と環境

ボウルビー（Bowlby, J.）の**内的ワーキングモデル**は愛着形成による基本的信頼関係の構築が，その後の対人関係や社会適応に影響を与えるという。また，詫摩（2003）[4] は，子どものパーソナリティ形成に影響を与える外的環境要因を，家庭，家族，育児方法・態度，友人・学校関係，文化的・社会的要因の5つに分類し，とくに親子関係や家庭環境の重要性を指摘している。

いわゆる「三つ子の魂百まで」ということわざがあるが，これは幼児期に形成された子どもの特徴は生涯を通じて変わらないものという捉え方である。だが，小嶋（2001）[5]はこの解釈を4つに分類し，子どもが環境から受ける影響と，子どもから環境への働きかけの相互作用によるパーソナリティの可変性を示した。

表8-3　小嶋による「三つ子の魂百まで」の解釈

解釈カテゴリ	内容
環境説	3歳頃までの環境や経験の影響を通じて形成された子どもの心理的特徴は一生変わらない（習慣・学習されたものは変わらない）
成熟・遺伝説	遺伝子に書き込まれたプログラムが子どもの心理的特徴として発現するのがおおむね3歳頃（学習経験とは無関係）
スリーパー効果説	3歳頃に発現した特徴が一旦眠った状態になり老年になって再び発現するという仮説（実証性が乏しい）
相互調整的関係説	子どもが環境から受ける影響，および子どもによる環境への働きかけの相互作用によって，双方が質的に変容する（相互可変性）

出典：小嶋秀夫『心の育ちと文化』有斐閣，2001年を基に著者作成

一方，遺伝行動学の立場では，親の養育態度や家庭環境よりも，児童期以降の学校生活や友人関係などの大人環境の方がパーソナリティ形成に対する影響が大きいことを指摘している（安藤，2000[6]など）。パーソナリティの形成要因には遺伝的要因と環境的要因の両方があり，それは生涯発達の過程で変わり得るものであるといえるだろう。

【引用文献】

1）教育基本法（平成十八年法律第百二十号），e-GOV法令検索（https://elaws.e-gov.go.jp/document?law_unique_id=418AC0000000120_20150801_000000000000000，2024年2月20日閲覧）
2）Allport, G.W., *Pattern and growth in personality*, New York: Holt, Rinehart, and Winston, 1961
3）Costa, P.T. and McCrae, R.R., *Revised NEO Personality Inventory（NEO-PI-R）and NEO Five-Factor Inventory（NEO-FFI）professional manual,* Odessa, FL: Psychological Assessment Resources, 1992
4）詫摩武俊・瀧本孝雄ほか『性格心理学への招待［改訂版］―自分を知り他人を理解するために』サイエンス社，2003年
5）小嶋秀夫『心の育ちと文化』有斐閣，2001年
6）安藤寿康『心はどのように遺伝するか―双生児が語る新しい遺伝観』講談社，2000年

◇◇ **お薦めの参考図書** ◇◇◇◇◇◇◇◇◇◇◇◇◇◇◇◇◇◇◇◇◇◇◇◇◇◇◇◇◇◇

① サトウタツヤ・渡邊芳之『心理学・入門─心理学はこんなに面白い［改訂版］』有斐閣，2019年

② 柏 まり・小林みどり編著『新・保育と人間関係─理論と実践をつなぐために』嵯峨野書院，2023年

③ 石上浩美編著『新・保育と言葉─発達・子育て支援と実践をつなぐために』嵯峨野書院，2022年

④ 川畑直人・大島 剛ほか監，中間玲子編著『感情・人格心理学─「その人らしさ」をかたちづくるもの』ミネルヴァ書房，2020年

⑤ 森下正康『児童の心理─パーソナリティ発達と不適応行動』サイエンス社，2010年

第9章 適応支援と心理アセスメント

1 適応支援と適応のしくみ

一般に「**適応**」とは，まわりの人的環境や物的環境などとの間に調和した関係を維持しながらも，自分の心理的安定が保たれている状態をいう。そのような心理的安定を保つために，環境と折り合いをつけて，適応していくための支援のことを**適応支援**という。「教育現場において，不登校や発達障がいなどの児童生徒に対して提供される『個に寄り添う支援』は，不足しても過多であっても発達を阻害するおそれがあり，適切な支援こそが強く求められる」(磯邉，2019)[1]。そして適切な支援をしていくためには，まずは人間の適応について理解し，後に述べる適応機制についても理解したうえで，1人1人の子どもに寄り添い，1人1人の子どもに合った適切な支援をしていく必要がある。

人間における「適応」と「不適応」の力動関係などを示した図 9-1 では，「適応」の方向へと進む左側には，合理的な行動で解決を図ったり，スポーツや趣味などの健康的なはけ口を見つけたりすることが，「適応」につながる行動として例示されている[2]。

適応
ここでいう適応とは，まわりと調和して生活するために，自分の心理的安定を保ちつつ，まわりの環境や状況に応じて自分の行動や意識などを変えていくこと。

適応支援
ここでいう適応支援とは，子どもが心理的安定を保ちつつ，まわりの環境に適応して，満足して健やかに生活していくことができることを目指して，子どもを支援すること。

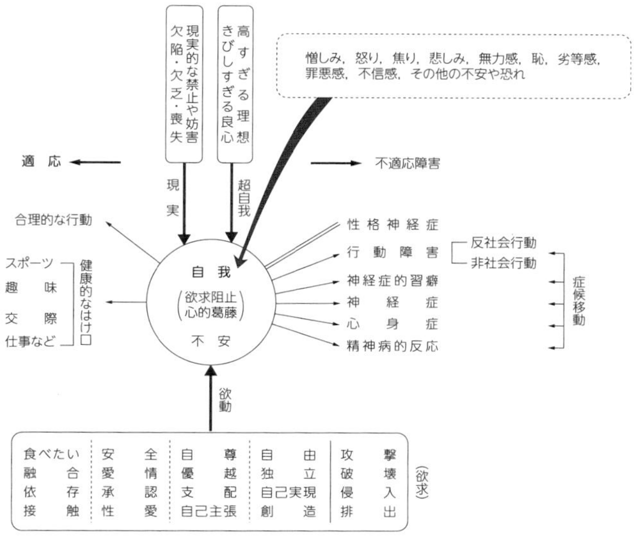

図 9-1　適応と不適応の力動
出典：前田重治『続 図説 臨床精神分析学』誠信書房，1994 年，p. 19

外的適応
外的適応とは，周りからの要求に応え，役割を果たして，周りに適応しているような状態のこと。

内的適応
内的適応とは，個人の内面にある欲求を充足し，個人的な満足状態で，個人内で適応状態であること。

過剰適応
過剰適応とは，外的適応と内的適応のバランスが保たれておらず，どちらかに偏って過剰に適応しているような無理のある不安定な適応状態のこと。

不適応
不適応とは，適応できない状態により，不安や不満足状態に陥り，心理的安定が保たれていない状態のこと。

「適応」は「**外的適応**」と「**内的適応**」に分けて捉えられる場合もある。「外的適応」とは，周りの環境に合わせて行動をしている状態のことで，「内的適応」とは個人の内面にある欲求の充足を求めて行動している状態のことである。周りの外的な期待や要求に応えようとしすぎて，自分の内的な欲求を無理に抑圧しすぎている状態のように，過剰に外的適応しようとして内的適応が不十分であるような不均衡状態を「**過剰適応**」という。反対に自分のやりたいことを優先しすぎると周囲との関係がうまくいかなくなることがある。望ましい適応には外的適応と内的適応のバランスがとれていることが必要である。

適応できない状態が続くと，不安を感じて精神的に不安定な状況に陥る。そのような状態が「**不適応**」である。「不適応」とはまわりの環境との間に調和した関係を維持できないために，精神的に不安定な状態のことをいう。子どもの不適応行動は子どもの側の要因と環境の側の要因によって生じる（図9-2）[3]。子どもの不適応行動といわれる問題行動には，主に不登校や登校拒否，いじめ，校内暴力などがある。

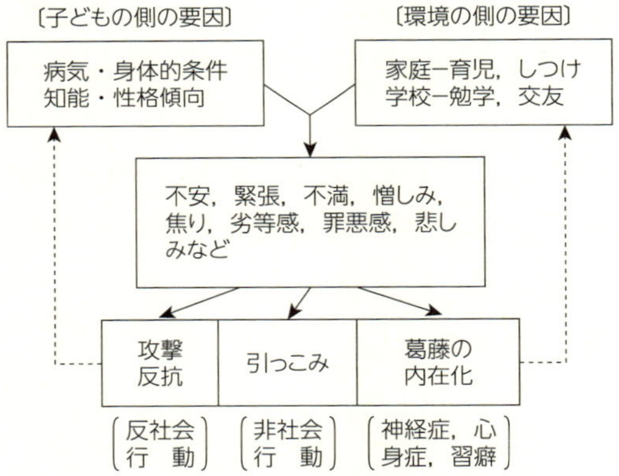

図 9-2　子どもの不適応
出典：前田重治『続 図説 臨床精神分析学』誠信書房，1994年，p. 68

適応機制（防衛機制など）
欲求不満や葛藤，不安に直面したときに，心理的な平衡状態を維持，回復するために無意識のうちにとるさまざまな心理的な手段。

不適応状態の場合，欲求不満状態や葛藤状態による緊張や不安をやわらげるために，一時的な方法で自我を適応させて心理的な安定を保とうとする「**適応機制**」が起こることがある。適応機制には，防衛機制・逃避機制・攻撃機制などがある。心理学ではとくに，自我を防衛しようとする無意識的な機制のことを「**防衛機制**」といい，その種類は表9-1に示す通り多様である[2,3,4,5]。「逃避機制」には，中止や諦めなどの退避や，辛い現実をなかったこととして捉える否認や白昼夢などによる空想世界への逃避，また自我を傷つけるような辛い体験を記憶から切り離す隔離などがある。「攻撃機制」には，他人や物を傷つけて，欲求不満を解消しようとする八つ当たりやいじ

表 9-1　主な防衛機制の例

抑　圧	意識すると耐えられないような感情や欲求を心の奥深くに押し込めて抑圧する
反動形成	容認されない衝動の意識化を防ぐために，反対方向の態度を過度にとる
退　行	不安から自らを守るために，未発達な段階に逆戻りする（赤ちゃん返り etc.）
隔　離	受け入れがたい感情や衝動と，思考や行為を切り離す
打ち消し	過去の罪悪感や恥の感情を，反対の言動によって打ち消そうとする
投　影	自分のなかにある不快な感情を他者が持っていると思う
取り入れ	投影の逆で，他人の感情や価値観などを取り入れて自分のもののように感じる
自己への向き換え	特定の対象に対する強い衝動を自分自身に対して向き換える
逆　転	特定の対象に対する感情を正反対の感情に変化させる
昇　華	容認されない衝動を社会的に価値のある行動に変化させる
合理化	自分が納得できる考えで自分の行動は正しいと正当化する
置き換え	受け入れがたい感情や欲求をより受け入れやすい対象に置き換えて満足する
補　償	自分の不得意な面をほかの面で補おうとする
同一視	他人の権威に自分を近づけることによって自分を高めようとする
知性化	感情を難解な専門用語で語るなどして観念化し，情緒から切り離す

出典：Freud，A., *Das Ich und die Abwehrmechanismen,* Internationaler Psychoanalytischer Verlag, 1936（フロイト，A.，外林大作訳『自我と防衛』誠信書房，1985 年），前田重治『続 図説 臨床精神分析学』誠信書房，1994 年，p. 19，p. 68，内野悌司「神経症・心身症」，大石史博・西川隆蔵ほか編『発達臨床心理学ハンドブック』ナカニシヤ出版，2005 年，p. 125 をもとに著者改変

注：フロイトの娘アンナ・フロイトが，フロイトの防衛機制の種類に「昇華」を加えた 10 種類を提唱した。その後，多くの研究者により防衛機制の種類はさらに多様なものとなった。

めなど，代償的満足があり，ときには攻撃が自分に向けられて自己攻撃が起こり，自殺に至る場合もある。

「悩む」という状態は，問題をどのように解決すれば良いのかを模索している状態で，先述したような適応機制ではない。悩むだけでなく，悩んで合理的に方法を工夫して事態を乗り越えることや，特訓したり努力して根本的に克服する「合理的機制」によって，適応した状態を保っていきたいものである。そのためには周囲の保育者・教育者・養育者などからの正しい子ども理解と見守り，そして必要に応じた適切で温かい指導や支援が必要になるであろう。

2　心理アセスメント

子ども理解を深める方法には，**心理アセスメント**がある。心理アセスメントとは，心理アセスメントの専門的知識と専門的技術をもつ者が，個人の性格や知能，適性などを捉えようとする方法のことで，観察法・面接法・心理検査法・調査法などがある。心理アセスメントは，子どもの不適応状態の原因や問題点を知る手がかりとなり，子どもを心理的に援助していくために必要な情報を得ることができ，それぞれの問題を解決するための方法を考えていくために役立つものである。しかし，単独の心理アセスメントだけでは不

心理アセスメント
「アセスメント」の訳語は用いられる領域によって異なり，「診断」「査定」「評価」「見立て」「所見」などさまざまであるが，心理学ではとくに訳さずに「心理アセスメント」という言い方が使われている。

十分であるので，複数の心理アセスメントを用いて，総合的かつ多角的に個人を理解しようとすることが必要になる。たとえば，観察法と面接法に複数の心理検査法なども組み合わせて，それらの結果から総合的かつ多角的に理解しようとすることが望ましい。

1 観 察 法

観察法は，人間の行動を自然な状況や実験的な状況のもとで観察し，そのデータを分析して，行動の特徴や法則を解明する研究方法であり，教育現場ではもっとも頻繁に用いられる方法である。観察法には，人間の行動をあるがままに観察する自然観察法や行動観察法，ある一定の条件を設定して観察を行う実験観察法がある。

2 面 接 法

面接法は，ある人に関する情報を得るために，当人あるいは関係者に面談する方法である。面接法には，自由面接や相談室で時間などを決めて行う面接などがある。また面接室ではなく，廊下や働いているところで話し合うなどの生活場面面接なども実践の場で使用されている。面接法では，質問が自由に設定できるため必要な情報を的確に得ることができる。

3 心理検査法

心理検査は，検査の信頼性と妥当性を確保するために標準化された検査のことで，厳密に定められた実施法と結果の処理法を厳守できる専門家によって行われるべきものである。各心理検査はそれぞれ一部の側面しか捉えられないので，目的に応じて必要な検査を組み合わせて複数の心理検査を行い，それらの結果から総合的に捉えようとすることが望ましい。

(1) 質 問 紙 法

質問紙法は，質問紙（いわゆるアンケート用紙など）を配布して，その質問紙に記入してもらう方法である。人格に関するアセスメントの多くは質問紙法によって行われる。たとえば，「ストレス対処質問紙（SCI）」「矢田部一ギルフォード性格検査（Y-G 性格検査）」「ミネソタ多面人格目録（MMPI）」などがある。

(2) 投 影 法

投影法は，曖昧な刺激を呈示して，それに対してなされる解釈や表現など

投影
自分のなかに生じた感情や欲求を自分から切り離して，他の人のなかにあるものだと位置づけること。

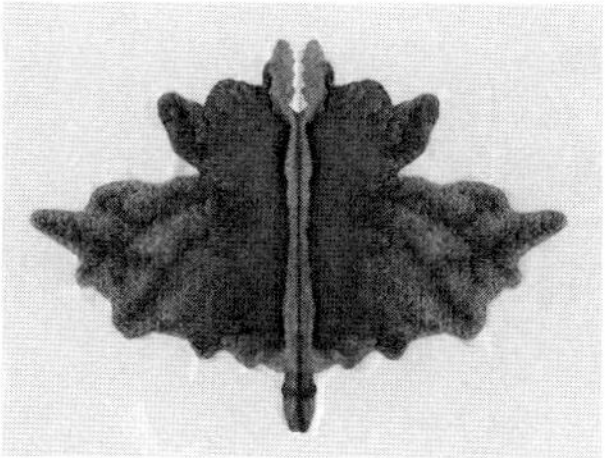

（質問例：「これは何に見えますか？」）

図 9-3　ロールシャッハテストの図版の例（模擬図版）

（教示例：「この右側の人はどのように答えるでしょうか」）

図 9-4　P-F スタディ検査（絵画欲求不満テスト，Picture Frustration study）の図版例（模造）

（教示例：「今どういう状況で，これまで何があって，これからどうなるかということを１つの簡単なお話にして話してください」）

図 9-5　TAT（絵画統覚検査，Thematic Apperception Test）の図版例（模造）

から人格や欲求を知ろうとする方法である。有名な投影法には「ロールシャッハテスト（図 9-3）」「P-F スタディ検査（図 9-4）」「TAT（図 9-5）・CAT」「バウムテスト（図 9-6）[6]」「HTP テスト」「SCT（図 9-7）」などがある。実際に行う場合は，直接的に自分を意識して答える質問紙法と投影法を組み合わせて使うと，意識的な面と無意識的な面の両方を捉えるための手がかりを得ることができる。

（3）作業検査法

作業検査法は，被検査者に一定の作業を行わせて，その過程や結果から性格や適性をとらえようとする検査法である。作業検査法には「内田クレペリン検査（図 9-8）」などがある。

（4）知能検査や発達検査

知能検査や発達検査には，検査者と対象者（被検査者）が１対１で決められた検査用具と手順に従って行う検査である個別式検査と，学校などで一斉に行われることの多い質問紙式の集団式検査がある。知能検査は知能を測定するための検査のことであり，心理学者であるビネーが，1905 年に作成したビネー式知能検査に始まる。本

（教示例：「１本の実のなる木を描いてください」左の絵は不登校時の絵，右の絵は元気になった後の絵）

図 9-6　バウムテスト（樹木画テスト）の例

出典：鍋田恭孝「臨床ゼミ心理検査「バウムテスト」Vol.5-1 バウムテスト（樹木画）の読み方」『臨床心理学』3（4），2003 年，p. 558

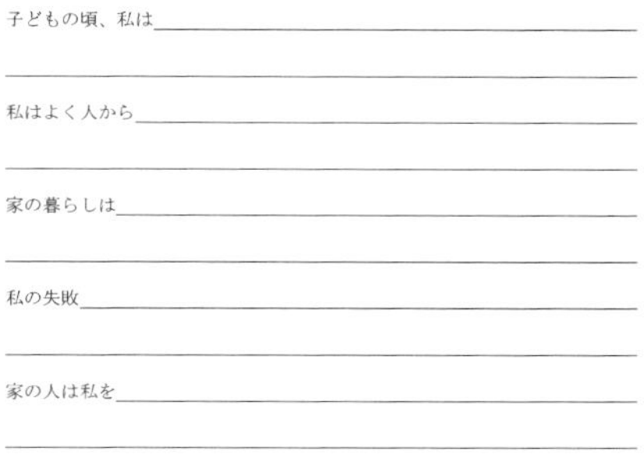

図 9-7　SCT（文章完成法テスト，Sentence Completion Test，被検者は短い刺激文に続く短文を書く）

図 9-8　内田クレペリン検査の例

図 9-9　新版Ｋ式発達検査 2020 用具の一部

来の知能検査は，障がいのある子どもを見つけて子どものために適切な療育を行うためのものであった。日本では，鈴木ビネー式知能検査や田中ビネー式知能検査Ｖやウェクスラー式知能検査［WPPSI-III 知能検査（2歳6ヶ月～7歳3ヶ月），WISC-V 知能検査（5歳0ヶ月～16歳11ヶ月），WAIS-IV 知能検査（16歳0ヶ月～90歳11ヶ月）］などが用いられている。

発達検査は発達の度合いを捉えるための検査であり，遠城寺式乳幼児分析的発達検査，津守式乳幼児精神発達検査，新版Ｋ式発達検査 2020（図 9-9）などが用いられている。

知能検査も発達検査も，被検査者の検査中の体調によっても左右されるので，結果を絶対的なものとして捉えてはいけない。

3　適応支援と心理療法

1　適 応 支 援

子どもの不適応行動といわれる問題行動には，主に不登校や登校拒否，いじめ，校内暴力などがある。また学校での不適応行動が認められるにもかかわらず，適切な対応がとられないために自殺にいたるケースもある。自殺にいたった子どもに関して，適切な精神科治療やカウンセリングなどの必要な支援を受けていれば自殺予防につながったのではないかと思われる例は少なくない。子どもの自殺の危険が極めて高いと認識されるサインである自殺念慮やリストカットなどの不適応行動があり，スクールカウンセラーに相談するようにアドバイスをしていたものの，具体的に対策を講じられることなく，自殺が起こってしまったというケースもある。文部科学省の調査結果により具体的に挙げられていた自殺者の精神科診断名等としては，統合失調症，摂食障がい，うつ病などがあった[7]。つまり学校での不適応行動の背景に精神疾患等が存在していることも疑われる。また精神疾患等の可能性ばかりでなく，発達障がい等のある子どもも，周囲の人の理解不足による悩み，将来への不安等から，精神的に不安定な状態になることもあるので，学校での不適応行動が認められる場合には，より適切な対応が求められる（文部科学省，2014）[7]。文部科学省（2019）の「不登校児童生徒への支援の在り方について（通知）」では，「不登校児童生徒への支援は，『学校に登校する』という結果のみを目標にするのではなく，児童生徒が自らの進路を主体的に捉えて，社会的に自立することを目指す必要があること」[8]と示され，適応支援も行う適応指導教室としての役割を担う教育支援センターの整備充実および一層の活用の必要性も示されている。

2　心理療法

心理療法は，心理療法の専門家が心理的に困難な状態にある人に対して心理学的な援助を行い，認知・情緒・行動などに働きかけ，そこに適応的な変化を図ることを目的とする。心理療法には，精神分析療法や行動療法，来談者中心療法（クライエント中心療法），認知療法・認知行動療法，家族療法，遊技療法など多くの種類がある。心理療法のなかでとくに言語的なかかわりによるものをカウンセリングといい，カウンセリングを行う者はカウンセラーとよばれ，相談に来る者は**クライエント**または来談者とよばれる。クライエントとカウンセラーの間に**ラポール**（信頼関係）が構築できていると，クライエントはカウンセラーの前で安心して感情を素直に表現できるようになり，一層効果的なカウンセリングが期待できる。

クライエント
心理臨床において，問題を抱えて専門的援助を求めてきた人のことをクライエントという。クライエントは来談者ともいわれ，もともとの意味は「顧客」「依頼人」である。

ラポール
クライエントとカウンセラーの間に築かれる信頼関係のこと。

（1）来談者中心療法（クライエント中心療法）

来談者中心療法（クライエント中心療法）は，ロジャーズが1940年代に始めた療法で，はじめ非指示的療法とよばれていた。この療法では，カウンセラーが来談者（クライエント）に積極的に指示やアドバイスをするのではなく，来談者に無条件の肯定的関心を向けて，感情的表現に共感を示し，表現された言葉を要約して返すことによって，来談者自らの気付きを促していくようにする。

（2）認知療法・認知行動療法

認知療法は，ベックが1970年代に始めた療法である。この療法では，不適応の原因は，認知（物事の捉え方・考え方など）の仕方の歪みに起因すると考える。強いストレスを受けて辛いときに抑うつ感や不安感が強まり，不適応的な行動が起こり，さらに認知の歪みが引き起こされるようになる。認知療法では，こうした個人が自分の認知の歪みに気付くように働きかけて，考え方のバランスをとってストレスに上手に対応できるようにしていく。認知行動療法は，認知と行動を変化させることにより，問題行動や感情，症状などを改善していこうとする心理療法である。

(3) 家族療法

家族療法は，1950年代に米国で生まれた療法で，家族をシステムとして捉え，そのシステムがかかえる心理的問題を治療していこうとする療法の総称である。つまり特定の個人だけに問題があるのではなく，家族同士の関係のなかにも問題があると考える。たとえば，不登校や家庭内暴力，摂食障がいなども，本人だけをカウンセリングしても十分な効果がない場合がある。家族療法では，家族関係や生活状況など，家族全体のシステム的な問題を捉えて，システム全体が変化するように援助していく。

3 カウンセリングマインドの必要性

子どもたちが生活する場では，いじめ・不登校・学級崩壊・非行・自殺など多岐にわたる問題をかかえている[9)]。保育所や幼稚園，認定こども園，小学校等の子どもたちのためには，充実した支援体制が必要である。とくにスクールカウンセラーや保育カウンセラーの配置を一層充実していかなくてはならない。

文部科学省は，子どもの臨床心理に関して高度に専門的な知識と経験を有するスクールカウンセラー等の配置の充実を図るために，スクールカウンセラー等に対して適切な援助ができるスーパーバイザーを学校・教育委員会等に配置し，児童生徒の心のケアに加え，教師のカウンセリング能力等の向上のための校内研修や，児童生徒の困難・ストレスへの対処方法等を伝える教育プログラムの実施等をスクールカウンセラー活用事業の一環として行っている[10)]。また，文部科学省が設置する教育相談ダイヤルでは，24時間体制の電話相談も実施し，教育相談体制の充実を図っている。加えて幼児教育支援センター事業の一環として，子育てに不安を抱える保護者へのカウンセリング等を行う「保育カウンセラー」等からなるサポートチームを市町村教育委員会に設け，保育所や幼稚園等の施設や家庭，地域社会における教育力を支えるための体制を充実させようとしている。

さらに不登校児童生徒が増加するなか，文部科学省では「誰一人取り残されない学びの保障に向けた不登校対策」（COCOLOプラン）を取りまとめて通知した[11)]。こども家庭庁においても，COCOLOプランに基づく対策を継続して実施できるように組織的対応を支える取り組みを推進している[12)]。子どもたちの心の小さなSOSを早期発見するために，アプリ等による「心の健康観察（困難を抱える子どもの支援に向けたアプリ等や専門家の支援を活用した心や体調の変化の早期発見・早期支援)」の推進も行われている。

また保育者や教育者がカウンセリングマインドを身につけて，子どもを理解する力と適切に関わる力を向上させていくことも必要である。さらにストレス・マネジメント教育の充実によって，子どもたち自身がストレス・マネジメント・スキルを身につけて，強くしなやかに生き抜いていく力を向上させていくことが望まれている。そして，より望ましい適応支援の実現のためには，社会全体における余裕（時間的・経済的余裕や心身の余裕等）も一層必要であろう。

【引用・参考文献】

1）磯邉 聡「『適正支援』という視点に基づいたかかわり―子どもの「環境と折り合う力」を育む支援のあり方をめぐって」『千葉大学教育学部研究紀要』67，2019 年，pp. 33-39

2）前田重治『続 図説 臨床精神分析学』誠信書房，1994 年，p. 19

3）前掲書 2)，p. 68

4）Freud, A., *Das Ich und die Abwehrmechanismen*, Internationaler Psychoanalytischer Verlag, 1936（フロイト，A.，外林大作訳『自我と防衛』誠信書房，1985 年）

5）内野悌司「神経症・心身症」，大石史博・西川隆蔵ほか編『発達臨床心理学ハンドブック』ナカニシヤ出版，2005 年，p. 125

6）鍋田恭孝「臨床ゼミ心理検査「バウムテスト」Vol. 5-1 バウムテスト（樹木画）の読み方」『臨床心理学』3（4），2003 年，pp. 555-561

7）文部科学省「子供の自殺等の実態分析」2014 年（https://www.mext.go.jp/content/1422639_004.pdf，2024 年 6 月 1 日閲覧）

8）文部科学省「不登校児童生徒への支援の在り方について（通知）元文科初第 698 号」2019 年（https://www.mext.go.jp/a_menu/shotou/seitoshidou/1422155.htm，2024 年 6 月 1 日閲覧）

9）文部科学省「令和 4 年度 児童生徒の問題行動・不登校等生徒指導上の諸課題に関する調査結果について」2023 年（https://www.mext.go.jp/content/20231004-mxt_jidou01-100002753_1.pdf，2024 年 6 月 1 日閲覧）

10）文部科学省「スクールカウンセラー等活用事業実施要領（平成 25 年初等中等教育局長決定，令和 5 年一部改正版）」(https://www.mext.go.jp/a_menu/shotou/seitoshidou/20230406-mxt_kouhou02-1.pdf，2024 年 6 月 1 日閲覧）

11）文部科学省「誰一人取り残されない学びの保障に向けた不登校対策について（通知)」2023 年（https://www.mext.go.jp/content/20230418-mxt_jidou02-000028870-aa.pdf，2024 年 6 月 1 日閲覧）

12）こども家庭庁「不登校・いじめ 緊急対策パッケージ～誰一人取り残されない学びの保障に向けて～資料 7-1」2023 年（https://www.cfa.go.jp/assets/contents/node/basic_page/field_ref_resources/7d95965f-43a5-459b-96b1-a2e6c23a0997/80256f9a/20231030_councils_kodomo_seisaku_kyougi_7d95965f_13.pdf，2024 年 6 月 1 日閲覧）

13）大石史博・西川隆蔵ほか編『発達臨床心理学ハンドブック』ナカニシヤ出版，2005 年

14）北尾倫彦・中島 実ほか『精選コンパクト教育心理学』北大路書房，2006 年

15）沼 初枝『臨床心理アセスメントの基礎［第 2 版]』ナカニシヤ出版，2020 年

◇◇ **お薦めの参考図書** ◇◇◇◇◇◇◇◇◇◇◇◇◇◇◇◇◇◇◇◇◇◇◇◇◇◇◇◇◇◇

① 橋本泰子『虐待児の心理アセスメント―描画からトラウマを読みとる』ブレーン出版，2004年

② 鍋田恭孝「臨床ゼミ心理検査「バウムテスト」Vol. 5-1 バウムテスト（樹木画）の読み方」『臨床心理学』3（4），2003年，pp. 555–561

③ 前田重治『続 図説 臨床精神分析学』誠信書房，1994年

④ 北尾倫彦・中島 実ほか『精選コンパクト教育心理学』北大路書房，2006年

⑤ 大石史博・西川隆蔵ほか編『発達臨床心理学ハンドブック』ナカニシヤ出版，2005年

⑥ 沼 初枝『臨床心理アセスメントの基礎［第2版］』ナカニシヤ出版，2020年

第10章 障がいのある子どもの理解

1 「障がい」を語る共通言語

保育・教育の現場には，特別の支援を必要とする多様な子どもがいる。定型発達の子どもばかりではなく，発達上さまざまなつまずきを抱える「障がい」のある子どもも含まれる。その「障がい」のある子どもとは，一体どのような子どものことをいうのだろう。そもそも「障がい」とは何だろうか。

1 「障がい」に対する固定的な考え方

これまで「障がい」の意味は，国や時代によって多様であったが，「障がい」を個人の問題とする固定的な考え方は共通していたと思われる。たとえば，目が見えないイコール視覚の障がいというように，心身の機能の不具合・定型発達曲線から外れた成長過程を障がいとみなす医学モデルによる考え方である。この考え方に基づくと，劣っている機能を訓練ないしは治療をして，改善・回復させることが唯一のアプローチとされてしまう。医学モデルの基本は，その人自身のなかに「異常」を見つけ，「診断」することや「異常」を治そうとすることといえる。

1960年代後半から，国連を始めとする国際的な機関や会議で障がいがある人の権利について議論されるようになり，そこで合意された内容が世界中の国々に向けて発信されるようになった。なかでも1975（昭和50）年に国連総会で決議された「障害者の権利に関する宣言」は影響が大きいものであった。そうした流れのなかで，主に医学的な観点から定義・分類されてきた障がいの定義が大きく変化していく。かつての障がい観を転換する契機となったのが，1980（昭和55）年の世界保健機関（WHO）による**「国際障害分類（ICIDH）」**の公表であった。

この国際障害分類とは，障がいのレベルを図10-1に示すように，① 機能障がい（Impairment），② 能力障がい（Disability），③ 社会的不利（Handicap）の3つの内容に分類して考える。

国際障害分類（ICIDH）
WHO（世界保健機関）が機能障がい，能力障がい，社会的不利の三層構造で障がいをモデル化したもの。International Classification of Impairments, Disabilities, and Handicapsの頭文字をとってICIDHとよぶ。

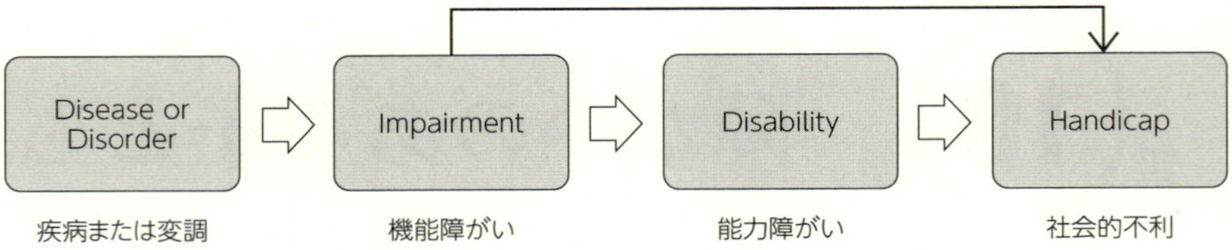

図 10-1 ICIDH：WHO 国際障害分類（1980）の障がい構造モデル
出典：WHO, *International Classification of Impairments, Disabilities, and Handicaps*, 1980

これは個人に何らかの疾病や損傷が生じて機能・形態障がいになり，それがもとで能力障がいが発生し，さらには社会的不利がもたらされるという定義であり，それぞれの段階（レベル）での問題を明らかにして社会的不利を防いでいこうとする考え方である。ただ，矢印が一方的で疾病などに基づく状態のマイナス面が強調されているようにも見受けられる。

たとえば，脳性まひという疾患を抱えるＡさんが保育所の運動会の競技に参加できなかったという事象を考えてみよう。ICIDH のモデルに立つと，Ａさんは脳性まひという疾患のため下肢にまひが生じ，歩行に制限がある。したがって，運動会でクラスの子どもたちと同じように競技に参加できない。という理解になり，問題の構造は明らかになるが，保育者としてどのような配慮・支援ができるかというアイデアは浮かびにくい。問題解決のためには，結局のところ機能・形態障がいを克服しなければという発想になってしまう。ICIDH の登場は画期的であったが，障がいを「治す対象」イコール「正常ではない」「よくない状態」として捉える医学モデルの視点からは脱却できていないといえるだろう。

2 障がいは相対的なものだとする考え方の登場

ICIDH の公表後まもなく，WHO は障がいの定義について検討を重ねていった。障がいを抱える状態はもっと複雑であり，決して個人に還元される問題ではないという見方が広がったためである。そして 2001（平成 13）年に「**国際生活機能分類（ICF）**」を発表することになった。

ICF においても，障がいを３つのレベルで把握しようとする点は ICIDH と共通しているが，「障がい」「不利」といった負の側面だけに光を当てていない。障がいがあるなしにかかわらず人は心身の機能を働かせてさまざまな活動をし，社会のいろいろな分野に参加する権利を持っているという考えが土台にある。身体や心の機能・手足や器官といった身体の部分を表す「心身機能・身体構造」に問題が生じた場合，「機能障がい」があると考える（第1のレベル）。生きていくために必要な生活行為・余暇活動などの「活動」に問

国際生活機能分類（ICF）
WHO（世界保健機関）が ICIDH を改訂し，「心身機能・身体構造」「活動」「参加」の３つの次元によって障がいをモデル化したもの。個人因子だけでなく環境因子との相互作用から障がいを説明する。International Classification of Functioning, Disability and Health の頭文字をとって ICF とよぶ。

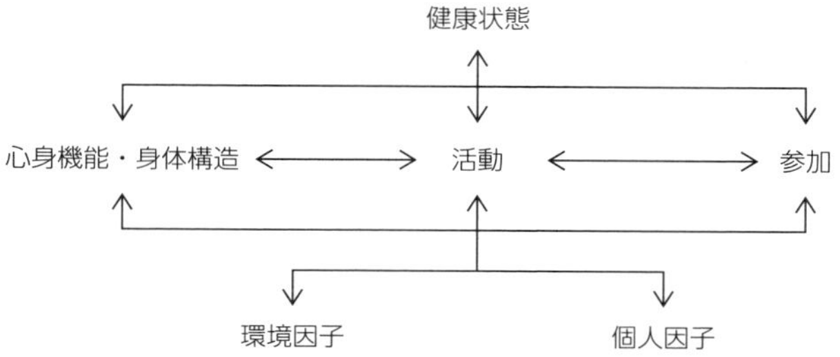

図 10-2　ICF：国際生活機能分類（2001）の生活機能構造モデル

出典：WHO, *International Classification of Functioning, Disability and Health*, 2001（障害者福祉研究会編『ICF 国際生活機能分類―国際障害分類改訂版』中央法規出版，2002 年）

題が生じた状態が「活動制限」である（第 2 のレベル）。社会生活を中心とした人生のさまざまな活動に関与する「参加」に問題が生じた状態を「参加制約」として捉える（第 3 のレベル）。これらの生活機能すべてに相互に影響し合う要素として，「個人因子（性別・年齢・性格など）」と「環境因子」という観点が示されている（図 10-2）。障がいの発生は，個人のもつ心身の特徴だけではなく環境の影響が大きいことも示唆している。

ICF に基づいて，先ほどの事例を考えてみよう。そうすると，脳性まひという疾患を抱える A さんが保育所の運動会の競技に参加できなかったさまざまな背景と配慮・支援の可能性が見えてくる。競技の種目が A さんにとって楽しいと思えないのかも知れないし，親しい友達と一緒であれば参加できるかも知れない。あるいは，歩行を支える道具があれば参加しやすくなるかも知れない。内容や環境の調整を行うことで「参加」の制限を取り払うことができるだろう。

障がいを決して個人に還元するのではなく，環境との相互作用から生じる参加を妨げるバリアとみなす ICF の考え方は，従来の医学モデルに対して社会モデルとよばれる。社会モデルでは，障がいはその人の身体にあるものではないと考え，医学が扱う対象ではなく，むしろ社会を変えることによって解決できる問題と捉える。現在，ICF は教育，福祉，医療などあらゆる専門職間の共通言語として普及しつつある。生活上困難を抱える個人を支えようとするとき，困難が発生する要因は多様で複雑であるために，個人を総合的に多面的にサポートしていく必要がある。そのときに，あらゆる専門職同士が手を取り合ってよりよいサポートを考えていくときの思考の枠組みとして ICF を活用することが期待されるだろう。

2　いろいろな発達障がい（神経発達症）

「障がい」をどのようにとらえるかという枠組みは大きく変化してきた。

それと同じように，障がいの個別具体性を語る言葉も時代によって少しずつ変化を遂げている。

現在，日本の保育・教育現場では「発達障がい」という言葉が広く普及しているが，歴史的に見ると非常に新しい言葉である。日本では2005（平成17）年4月から施行されている発達障害者支援法において，「自閉症，アスペルガー症候群その他の広汎性発達障害，学習障害，注意欠陥多動性障害その他これに類する脳機能の障害であってその症状が通常低年齢において発現するものとして政令で定めるもの」と正式に定義されるようになった。

ところが「発達障がい」をどうとらえるかについては，その状態が非常に複雑で多様であるために一義的に分類することが難しい。その点を踏まえ，本書ではアメリカ精神医学会によってつくられ国際的に広く使われている**DSM**という診断基準を参考に紹介したい。

DSM
アメリカ精神医学会による精神疾患の診断と統計の手引き Diagnostic and Statistical Manual of Mental Disordersの頭文字をとってDSMとよぶ。世界保健機関（WHO）による国際統計分類（ICD）とともに，国際的に広く用いられている診断基準。

「発達障がい」は，「通常は小児期少なくとも青年期には診断されるべき障がい」というように大まかな概念として認識が広まってきた経緯がある。言葉のもつ意味合いが大きいために，あらゆる症状を示す人々が「発達障がい」と診断されてしまい，概念がさらに曖昧になっていった。そこでアメリカ精神医学会は2013（平成25）年に改訂されたDSM-5において，従来の「発達障がい」概念を整理することとした。

DSM-5では従来の「発達障がい」をNeurodevelopmental Disorders（神経発達症群）と改め，乳児期から児童期にかけて発症する**中枢神経系**の機能障がいと定義した。神経発達症はどの能力にかかわる症状であるかによって，知的能力障害（Intellectual Disability），コミュニケーション症群（Communication Disorders），自閉スペクトラム症（Autism Spectrum Disorder），注意欠如／多動症（Attention-Deficit/Hyperactivity Disorder），限局性学習症（Specific Learning Disorder），運動症群（Motor Disorders）等に分類される。それぞれの項目で診断基準を見直し，旧来の「発達障がい」の概念よりも明確なかたちで表現されている。このなかで保育・教育現場で出会うことの多い4つの神経発達症を取り上げ，幼少期の状態像と留意点を概観したい。

中枢神経系
脳と脊髄を結んでいる神経。脳と身体各部をつないで，言葉，音，味，痛み，温度などの情報をやりとりし，それに適した行動をコントロールするところ。

1　知的能力障害

知的能力障害（ID: Intellectual Disability）は，DSM-5の診断基準によると，発達期に生じる知的機能と適応機能両面に困難が発生する障がいである。知的機能とは，標準化された知能検査によって確かめられる，論理的思考，問題解決，計画，抽象的思考，判断，学校での学習，経験からの学習などである。保育・教育の場面で例えると，新しいことを覚えたり，先生の話や絵本・教科書の内容を理解する力が相当するだろう。理解したことをもとに，覚える，先生の質問に答える，結果を予想する，計画を立てる，筋道を立て考える，自分の意見を言う，といった力も含まれる。

適応機能とは，家庭や園・学校，職場，地域社会といった生活状況において，支障が生じないように適切な行動をとることである。たとえば，遊びや集団のルールに合わせること，他者の様子や状況に合わせ行動することである。汗をかくほど運動をしたときは上着を脱ぎ，冷えてきたら上着を着る，といった状況判断を伴う行動なども相当する。

知的能力障害のある子どもは，粗大運動，微細運動，認知，理解言語，表出言語，情緒，社会性，生活習慣など全般的な発達の遅れが見られやすい。定型発達の子どもと比較すると，発達の個人差や個人内差が大きいことも特徴として挙げられる。

日常生活においても自分 1 人ではできない場面に遭遇したり，失敗を経験することが多い。その積み重ねが，子どもの意欲や自己評価の低下を招き，積極性が乏しく他者に依存する行動傾向につながりやすいといわれている。反対に成功経験を多く積み，過剰な支援を受けずに育っている子どもは，自発的でいきいきと生活ができている。**足場かけ**（scaffolding）を上手に行い，自信をもって活動できるような**スモールステップ**でサポートを行うことが望まれる。

2　自閉スペクトラム症

自閉スペクトラム症（ASD: Autism Spectrum Disorder）は，主に人とのコミュニケーションに困難が現れる障がいである。「スペクトラム」は「連続体」という意味で，その言葉が示すように，さまざまな状態像がある。ASD と一言でいっても，その現れ方は子どもによって異なり，年齢とともに大きく変化するものであることには留意したい。

DSM-5 の診断基準によると，① 社会的コミュニケーション，② 固定的・反復的行動の両方に特徴が見られる状態である。それによって社会生活に何らかの問題が生じ，他の障がいでは説明がつかず，幼いときからそのような状態が見られる場合を指す。

具体的には，自分の考えや感情を他者と共有したり，会話でやりとりをすることが苦手な場合が多い。言葉の獲得期には，共同注意が成立しにくいこと，**エコラリア**やおうむ返しが見られるという特徴もある。また，身振り手振りで何かを表現すること，アイコンタクトによる意思疎通，他者のジェス

足場かけ
（scaffolding）
子どもの学びや目標となる行動のために周りの大人が援助やサポートをすることで，子どもはそれを足がかりにして学びや目標を達成していく。最終的に子どもの自律を目指しているため足場を少しずつはずしていく。

スモールステップ
最終的な目標が学習者にとって高い場合，無理が生じないように目標を細分化して，小さな目標から少しずつ取り組めるようにすること。小さな目標を達成する体験を積み重ねることで最終目標に近づいていく考え方である。

エコラリア
他者の話した言葉をそのままおうむ返しに反復して表出することで反響言語ともいう。

チャーや表情から他者の感情を読み取ることなど非言語的コミュニケーションに困難を抱えやすい。一方，習慣や日々の活動の仕方へのこだわりが現れることもある。興味があるものに対して没頭し熱中する姿，常同運動・反復行為を行う姿が見られることもある。その子なりの感覚や考え方を大切にすると同時に，不安にさせない環境調整が重要である。視覚的な手がかりを用いたコミュニケーションや目に見えにくいものを構造化して理解しやすくするなどの工夫が考えられる。

3　注意欠如／多動症

注意欠如／多動症（AD/HD: Attention-Deficit/Hyperactivity Disorder）は，DSM-5において，不注意，まとまりのなさ，および／または多動性ー衝動性が機能または発達を妨げるほどの深刻な状態で6ヶ月以上持続し，家庭や学校，職場など2つ以上の状況で症状が現れ，社会生活機能を低下させているもの，他の神経症で説明できない場合をいう。「注意欠如」は，たとえば教師が話をしていても教師に注意を向けづらく教室内外のあちこちに注意が移ってしまい，そのため必要な情報を逃してしまうなど，その後の困難を招いてしまう状態である。また，長時間集中して同じ課題に取り組むことが苦手な場合もある。「多動」は，たとえばいま何をする時間か何をしてはいけないかという理解があるにもかかわらず，身体が勝手に動いてしまいその場にふさわしくない行動をしてしまう状態である。また動きが多くじっとしていられずそわそわして落ち着きがない状態を示すことも多い。身体の動き以外にもおしゃべりがとまらない，話が散漫で話題があちこちに飛びやすいという特徴を示すこともある。「注意欠如」「多動」いずれか一方が顕著な場合もあれば，両方の特徴が顕著な場合もあるが，そのような身体コントロールの難しさから生活に困難を抱えている状態である。

AD/HDのある子どもは**実行機能**（executive function）の問題から上記のような困難を抱えているにもかかわらず，しばしば本人の努力不足や生育環境，しつけの問題として誤解され自尊心を傷つけられやすい。子どもが落ち着ける環境づくりと並行しながら，注意を受ける経験が多くならないような配慮も心がけ，**二次障がい**を引き起こさないように留意したい。

実行機能（executive function）
思考や行動をコントロールする認知システムのことで，目標や状況に応じて注意を向けたりさまざまな力を使い分けたりする働きを担う。

二次障がい
一次的な障がいを周囲に理解されず適切な対応が得られないことなどから生じる二次的な障がいをいう。心理的社会的な不適応を招くこともある。

4　限局性学習症

限局性学習症（SLD: Specific Learning Disorder）は，知的な発達全般に遅れはないものの，読み・書き・計算のうち，特定の能力や機能に著しい困難がある状態をさす。DSM-5では，読字・読解・綴字・書字表出・数概念および計算・数学的推論の困難といった６つの症状が６ヶ月以上持続し，読字，書字，計算などの成績がその年齢の平均よりもかなり低い特徴があること，学齢期に顕在化しやすいこと，他の障がいや心理社会的要因によっても説明がつかないものと定義している。なかでも読み書きに困難がある**ディスレクシア**の子どもたちが多いといわれている。

SLD の特徴は学校での教科学習に関連しているため，就学後に明らかになってくるが，就学前の子どもにおいても，聞いたり見たり真似たりといった活動に困難を示すことがある。なかには「はさみを使う」「紐を結ぶ」などの細かい手作業（微細運動）がうまくできない，「ボールを投げたり受けたりする」「縄を跳ぶ」などの全身運動（粗大運動）の際にスムーズな動きができないなど，ぎこちなさの気になる子どももいる。

SLD の特徴がある子どもは，努力しているのに「わからない」「できない」状態にある。苦手な課題が多いとストレスを感じ，周りと比較して自信をなくしてしまう。苦手なことに対しては，適切な量と内容（認知特性に応じた工夫）で自信や達成感をもてるようにしたい。苦手な部分が伸びるように援助することも必要だが，問題なく使えている力や得意なことを発揮して苦手な部分を補完できるようにすることも大切な視点である。**デイジー教科書**など読みを支えるデジタル教材の活用も有効である。ただ，通常学級のなかで自分１人だけ特別に配慮を受けることについて躊躇する子どももいる。学級のなかで SLD の特徴のある子どもを含め，どのような子どもも安心して学べる機会を保障していきたい。教育現場では**ユニバーサルデザイン**を意識した授業づくりが実践されるようになっており，今後も研究が積み重ねられることが期待される。

3　「障がい」を理解するということ――共生社会を目指して

いま日本においても**インクルージョン**（inclusion）の理念が具体化されつつあり，個人や社会における「障がい理解」が進みつつあるようにみえる。教育現場では「障がい理解」教育が展開され，障がいのある子どもを理解しようという実践が積み重ねられている。しかしながらこの「障がい理解」をどう捉え，具体的にどのように子どもたちに教えていくかはとても難しいことである。文字通り，障がいにかかわる知識や技術を学習することが「障がい理解」なのだろうか。そのことによって子どもたちの認識が変わり，差別や偏見のない共生社会へと変容していくのだろうか。障がいのあるなしにかかわらずさまざまな個性を認め合い成長し合える関係性を育むことは，現実

ディスレクシア
知的機能の発達の遅れがないにもかかわらず，読むことや書くことに著しい困難を抱える症状である。たとえば，形が似た文字を区別するのが難しく読み間違えたり，読みながら同時に言葉を理解するのが苦手で，読むのに時間がかかったりする。書くことについては，意図した言葉を正確に書けない，鏡文字になるといった症状がみられる。

デイジー教科書
マルチメディアデイジー教科書のこと。コンピュータやタブレット端末を利用し，文字・音声・画像を同時に再生するデジタル教科書である。学校で使われている紙の教科書を読むのが困難な児童生徒を支援するための教材で，音声での読み上げや読んでいるところのハイライト表示などの機能が含まれている。

ユニバーサルデザイン
文化，言語，国籍，年齢，性別，身体的状況，知識，経験といった違いに関係なく，すべての人が使いこなすことのできる製品や環境などのデザインを目指す概念。教育・学習におけるユニバーサルデザインとは，学級全員の子どもたちが「わかる・できる」授業を指す。

インクルージョン（inclusion）
包含という意味で，人は１人１人異なり集団は本来多様性を

もつという考えに立つ。インクルージョン教育とは，障がいのある子どもとない子どもを分離して教育するのではなく，両者はともに教育されるべきであるとする理念。

的に考えると決して容易ではない。

たとえば，下記の事例を考えてみよう。

（事例）Ｂさんは小学校の２年１組に在籍している。軽度の知的能力障害と自閉スペクトラム症の診断を受けている。音声言語はあるが，日常会話がスムーズに行えず，友達とのコミュニケーションにずれが生じやすい。授業中にはよく立ち歩き，独り言が多く，時々奇声をあげたりする。Ｂさんがいる班活動は成立しにくい。運動会のクラス対抗リレーの練習ではいつも１組が負けてしまい，運動が苦手なＢさんがいるせいだと不平をいう子どもがいる。Ｂさんは競技に出ないで欲しいという子どもも出てきた。保護者からは「Ｂさんは違う教室で勉強してもらえませんか。Ｂさんがいると，落ち着いて勉強できないようで，うちの子の学力が下がります」と申し出があった。

このようなＢさん以外の子どもや保護者の意見を受けて，２年１組の担任の教師はどのように問題に対処していけば良いのだろうか。もちろんＢさん以外の声を受けて，Ｂさんを排除するようなことはあってはならない。反対にＢさんの思いだけを尊重するのも適切な判断ではない。

Ｂさんには「障がい」があるので理解しましょうと説明するのも違和感がある。おそらくＢさん本人は生きづらさを抱えていると想像できる。だが，「障がい」はＢさんだけが抱えているものなのだろうか。ICF の理論を踏まえると，教室で共に学び合うことや運動会で共に力を発揮することの困難（参加の制限）は，Ｂさん以外のクラスの子どもたちも抱いているものと考えられる。この意味において，「障がい」はクラスのなかで発生しているものであり，Ｂさんだけが「障がい」児ではないといえる。

インクルーシブ教育は，障がいのある子どもだけではなく困難さを経験している「すべての子どもたち」を対象としており，すべての子どもに「**合理的配慮**（reasonable accommodation）」が十分に提供されている状態であるともいえる。このような考えに基づくと，問題をＢさんの「障がい」のせいにせずに，共に学び合うための条件整備が必要であると理解できる。

合理的配慮（reasonable accommodation）
障がいのある人が差別されることなく他の人と平等に人権や基本的自由を享受し，社会参加が保障されるために必要な変更および調整を行うこと。2006（平成 18）年の国連総会で採決された「障害者の権利に関する条約」に合理的配慮の提供について示されている。

授業中にＢさんがソワソワしてしまうのは，どうしてだろうか。教師の声が聞こえにくい，あるいは板書が見えにくい座席になっているのかもしれない。気持ちが落ち着かない場所なのかもしれないし，そもそも授業内容に興味を持ちにくいのかもしれない。あるいは，班の人間関係においてやりにくさがあるのかもしれない。学習環境を整えることや授業を工夫することで問題が解消する余地は，おそらく多分にあるだろう。運動会のリレー競技は，Ｂさんも含めた皆が力を発揮できるようなルールに変更できないだろうか。あるいはもっと違う競技が考えられないだろうか。

人と人が出会って関係を構築していく過程，共に学びあう場には，大小さまざまな分かり合えなさが生じるものと考えられる。「理解」を教えることはできず，子どもたちが共に関わり合いながら掴み取っていくものである。問題を解決するための方法を子どもたちと一緒に考えていくことも重要である。なぜなら問題は，子どもたち自身の問題という側面もあるためである。

一方，問題が生じるということは，置かれている環境に貧しさがあるという裏返しではないだろうか。方法や価値観において，これまでの当たり前を見直すきっかけとなるだろう。競争をして勝つこと，良い点数を取ること，礼儀正しくすること，早（速）さ・美しさを追求すること…そうしたメッセージが強いほど，子どもたち同士の関係性も窮屈になりはしないだろうか。画一的なメッセージが強調されるなかで多様な子どもたちを包摂する共生社会は実現するのだろうか。「障がい」を本当に理解するためには，豊かな価値観で子どもたちを包み込むことが前提にあるように思われる。

【参考文献】

1）American Psychiatric Association, *Diagnostic and statistical manual of mental disorders DSM-5*（*Fifth Edition*）, Washington, D. C.: American Psychiatric Association, 2013
2）独立行政法人国立特殊教育総合研究所・世界保健機関（WHO）編著『ICF（国際生活機能分類）活用の試み―障害のある子どもの支援を中心に』ジアース教育新社，2005 年
3）井澤信三・小島道生編著『障害児心理入門［第 2 版］』ミネルヴァ書房，2013 年
4）伊藤健次「発達障害のある子どもの教育・保育」，伊藤健次編『保育に生かす教育心理学』みらい，2008 年

◇◇ お薦めの参考図書 ◇◇◇◇◇◇◇◇◇◇◇◇◇◇◇◇◇◇◇◇◇◇◇◇◇◇◇

① ヴィゴツキー，L. S.，柴田義松・宮坂琇子訳『ヴィゴツキー障害児発達・教育論集』新読書社，2006 年
② 浜田寿美男『障害と子どもたちの生きるかたち』岩波書店，2009 年
③ 東田直樹『自閉症の僕が跳びはねる理由―会話のできない中学生がつづる内なる心』エスコアール出版部，2007 年
④ 佐藤 学監，津守 眞・岩崎禎子『学びとケアで育つ―愛育養護学校の子ども・教師・親』小学館，2005 年
⑤ 岡田尊司『発達障害と呼ばないで』幻冬舎，2012 年
⑥ 青木 豊編著『障害児保育』一藝社，2012 年

第11章 教育評価

測定(measurement)
ある対象についてあらかじめ定められた規準と尺度（ものさし）を用いて数量的に測ること。

1 測定と尺度

1 名義尺度・名目尺度（nominal scale）

分類することを目的とした尺度。与えられた数字を入れ替えても問題ないが四則演算はできない。

アンケート調査などで，回答者の属性（性別，年齢）などを単純に識別するための尺度である。値の大小に特別な意味合いや優位性はない。SPSSなどの統計ソフトに入力する場合は，男性を0，女性を1，というようにあらかじめ設定し，識別記号として数値を入力する。そのため，四則演算はできない。

2 順序尺度・序数尺度（ordinal scale）

大小関係のみを表す尺度。目盛が等間隔ではなく四則演算はできない。

アンケート調査に回答する場合，回答者は自分にあてはまる水準を5件法（1・2・3・4・5）から1つ選択する。かりに，満足度が非常に高い場合には5に，満足度が非常に低い場合は1にマルをつける。そのため，数値の大きさによる順序的な意味合いが生じるが，四則演算はできない。

3 間隔尺度・距離尺度（interval scale）

絶対的な原点が存在せず，目盛が等間隔。加法・減法のみできる。

温度計で測定された「0℃」は，数値的には0であっても「温度がない」わけではなく，「－5℃」と比べると5℃高い温度という意味を持つ。また，「20℃」と「10℃」を比較した場合，「20℃」の方が「10℃」よりも2倍暖かいということにはならない。このように，数量が倍数関係ではなく，どこの目盛りの間隔でも等しいことを示すため，加法・減法のみが可能である。

4 比率尺度・比尺度・比例尺度（ratio scale）

絶対的な原点を持ち，目盛が等間隔。四則演算のすべてができる。

「体重0kg」という人はこの世には存在しないので，この場合の0は「何もない」，つまり意味がないことを示す。これが「絶対的な原点」である。また，体重80kgのAさんが，健康維持のためにダイエットして60kgになった場合，ダイエット前後の体重は，「60kg÷80kg=0.75」という割合で示すことができ，Aさんの体重は，ダイエット前の3/4になったということである。このように，測定値間の関係を倍数関係で表すことができるため，四則演算のすべてが可能である。

以上をまとめると，表11-1のようになる。

表11-1 尺度水準

↑水準高（情報が細かく豊富）

尺度水準	可能な演算	必要な条件	扱える変数	例
比率尺度	+，－，×，÷	絶対的原点 等間隔性	量的変数	身長，体重
間隔尺度	+，－	等間隔性	量的変数	温度，暦
順序尺度	>，<	順序性	量的変数	満足度，成績順位
名義尺度			質的変数	性別，血液型

↓水準低（情報が大まかで限られている）

2 測定データの処理

1 度数分布表

ある値を示したデータの個数（度数）やその散らばり（度数分布）を示した一覧表を度数分布表という。また，データの特徴をわかりやすくとらえるためには，度数分布表を基に図や表を作成するとよい（表11-2，図11-1）。

表11-2 A大学の学部別人数

	人数
人文科学系	250
社会科学系	180
自然科学系	40
複合現象学系	60
合 計	530

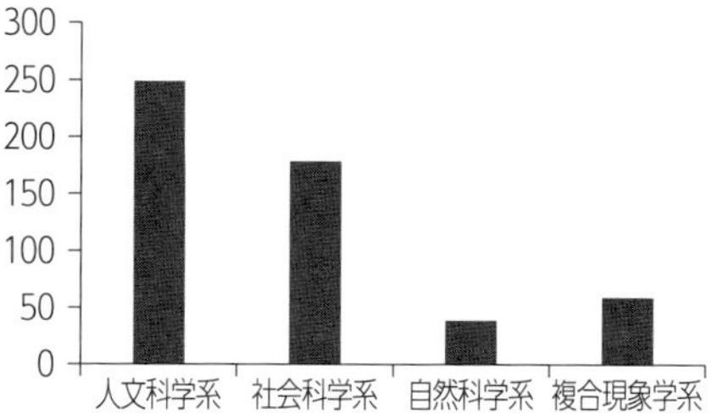

図11-1 A大学の学部別人数（度数分布表）

2 数値要約

データ全体の情報を**要約統計量**にまとめることであり，代表値（平均値，中央値，最頻値など）と散布度（分散，標準偏差，平均偏差，範囲など）がある。

要約統計量
1つの値にまとめること。

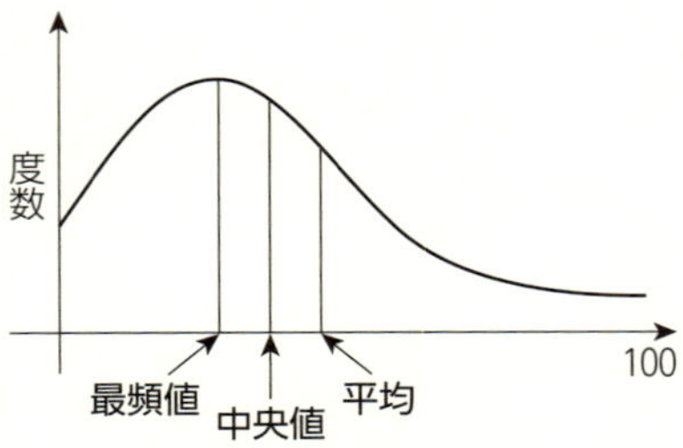

図 11-2　正規分布のグラフ（著者作成）

(1) 代 表 値

データ全体をある1つの値に代表させた値のこと。以下のようなものがあるが，データの特徴や，それぞれの代表値の長短所をふまえてもっとも妥当性の高い代表値を選ぶことによって，よい分析ができる。

- 平均値（mean）：データすべての値の和÷データの個数
- 中央値（median）：奇数個のデータを大きさ順に並べたときにちょうど真ん中にある値
  ※データが偶数個の場合：真ん中の値2つの和÷2
- 最頻値（mode）：もっとも出現度数の多いデータの値
- 外れ値：他の値に比べて極端に大きかったり小さかったりする値

(2) 散 布 度

データのちらばり（ばらつき）度合いを示す指標のこと。散布度は，代表値の情報だけではわからないデータのばらつき具合を判断するときに用いる。

- 偏差（deviation）：個々のデータと平均値の差
- 平均偏差（mean deviation）：偏差の絶対値を平均したもので，データ全体が平均的にどれくらい平均値から離れているかを示す。
- 分散（variance）：偏差を2乗した値の平均を示したもので，データ全体の散らばり度合いを表す。

分散の計算方法＝(1番目のデータの値－平均)^2＋(2番目のデータの値－平均)^2 ……＋(n番目のデータの値－平均)^2÷n

- 標準偏差（standard deviation）：分散の正の平方根（√）をとることで単位をもとに戻したもの。さまざまな統計処理（仮説検定：相関係数，t検定，分散分析など）で利用される指標。
- 範囲（レンジ：range）：データの最大値と最小値の差
- ゆがみ（歪度（わいど）：skewness）：分布形の左右対称からの偏りの方向と程度

$$1 \div n \sum_{t=1}^{N} (Xi - \overline{X})^3 \div S^3$$

- とがり（尖度（せんど）：kurtosis）：分布の中心の高さの尖りの程度

$$1 \div n \sum_{t=1}^{N} (Xi - \overline{X})^4 \div S^4$$

ある変数の分布が正規分布であるための必要条件。

- 左右対称である→歪度＝0

- 中央に山がひとつある
- 山すそが，なだらかに広がっている

3 教育評価

1 統計データによる評価

【例題1】

Aさんの期末テストの成績は，100点換算で英語が86点（M=90），国語が67点（M=53），数学が44点（M=30）だった。クラス全体の平均点はそれぞれ（　）内に示す通りであった。この結果から，「Aさんは英語が得意だが数学は苦手」といえるだろうか。

〈考え方〉

Aさんの得点（測定値）とクラス平均点を比較することによって，Aさんのクラス内における相対的な位置づけが確認できる。そこで，Aさんの**偏差値**を算出すると，表11-3のようになる。

表11-3　Aさんの3科目の得点と偏差値

科目	偏差	標準偏差	標準得点	偏差値
英語	-4	8	-4÷8=-0.5	-0.5×10+50=45
国語	14	10	14÷10=1.4	1.4×10+50=64
数学	14	5	14÷5=2.8	2.8×10+50=78

Aさんの場合，自分の得点から「英語が得意だが数学は苦手」と自分では評価していたが，偏差値は数学が78，英語は45であった。よって，統計的には「数学が得意だが英語は苦手」だと評価される。

偏差値
平均50，標準偏差10になるように標準化した標準得点。
(自分の得点－平均点)÷標準偏差×10+50

2 教育評価

教育評価は，園や学校における保育・教育実践活動全般を対象とする。**評価**の目的や対象によって，主に以下のように分類することができる。

評価（evaluation/assessment）
測定されたデータについての価値を判断すること。測定された値についての解釈・意味づけ。

(1) 学習・生活状況評価

子どもの遊びや生活状況，学習活動やその成果を対象とする。小・中・高等学校における指導要録や通知簿などがこれに相当する。

(2) 授業評価

授業内容や方法を対象とする。一般的には質問紙調査などによって子どもや保護者が回答したデータを分析し，授業担当者の教授方略や子ども理解を促すといったねらいがある。その結果は，学校全体での授業改善に取り組む活動の基礎資料となる。

（3）教員評価・学校評価

学校の教育目的・目標，教職員組織，施設・設備，財務状況，子どもの受け入れ状況，教育内容と方法，教育成果とその公開状況，教員の服務・勤務状況などを対象とする。評価者は学校長や任命権者であり，評価基準はそれぞれの目的に応じて独自に設定されている。

4　評価方法による分類

1　集団準拠評価

集団内における相対的な個人の位置づけを示す評価方法，いわゆる相対評価である。集団の成績が正規分布になることを前提に，パーセンタイルや偏差値によって順位が決まり，評定値として示されることが多い。

集団の規模や構成・内容に依存するため，統制された尺度水準であれば，誰が評価しても同じ結果が得られる客観性の高いものである。その一方で，個人の努力や縦断的な変動が反映されにくいという欠点もある。また，教育現場における実践は，必ずしも正規性を担保しているわけではないので，実態とそぐわない面もある。

規準（のりじゅん）
事前に示される明確な教育目標や評価観点・項目（質的指標）。

基準（もとじゅん）
各目標や評価観点・項目についての到達水準（数量的指標）。

縦断的評価
過去の何らかの結果を基準に，現在に至るまでの変化や変動幅を示すもの。

横断的評価
ある時点を基準に，観点や項目間の差に着目し個人の特徴を示すもの。

2　目標準拠評価

あらかじめ定められた集団の教育目標や習熟目標に対して，個人がどれだけ到達できたのか，その質的な度合いを示す評価方法，いわゆる絶対評価である。集団の規模や構成・内容に左右されず，個人内差を縦断的に示すことができる。その一方で，誰もが納得できる目標の設定や，評価の妥当性・客観性を担保するのが難しい面もある。これらを改善するためには，**規準**（のりじゅん）と**基準**（もとじゅん）を示す必要がある。

3　個人内評価

1人1人の学習者それぞれの特性や能力に応じて設定された教育目標や習熟目標を基に，個人がその目標に対してどれだけ到達できたのか，その能力や到達度合いを示す評価方法である。また，個人内評価には，**縦断的評価**と**横断的評価**の2つの方法がある。

5 評価者による分類

1 他者評価

教師が小・中・高・大学生の学力・学習状況について行う評価である。その代表的なものは，学期末の成績評価である。だが，他者評価の意義は，学習成果（結果）だけではなく，学習方略や計画を改善することである。また，**評価の歪み**を排除し，客観性・公平性を保つ必要がある。そのためには事前に教育目標や計画（規準）が示されたうえで，学習者の到達水準（基準）の妥当性を担保した判断を行う必要がある。

評価の歪み
教師側の主観によって評価の妥当性・信頼性が揺らぐこと。ピグマリオン効果（教師にとって望ましい結果）やハロー効果（1つの特性や特徴を全体に拡大解釈すること）など。

2 自己評価

学習者自身が，自分が設定した計画とその結果，学習状況や方略，成果について，何らかの縦断的な記録（たとえばポートフォリオ）などに基づいて評価することである。このような評価に影響を及ぼすのは，メタ認知の働きである。

メタ認知とは，「自分は何が得意なのか（苦手なのか）」「どうすれば自分の考えをうまく他の人に伝えることができるのか」といったことで自問自答すること，つまり，自分の認知について，より高次なレベルからとらえ直し，自己調整を行うための心的な働きである。人間の行動は，外部から取り入れた刺激や情報を取り入れ，それを自分のなかで整理・統合することによって成り立っている。このような一連の活動を，メタ認知的な活動とよぶ。そして，このような活動を繰り返すうちに，メタ認知的な知識が蓄積され，学習行動が自己制御できるようになる。このような思考サイクルに基づいた，能動的な学習者の育成を目指して提案されているのが，いわゆる主体的・対話

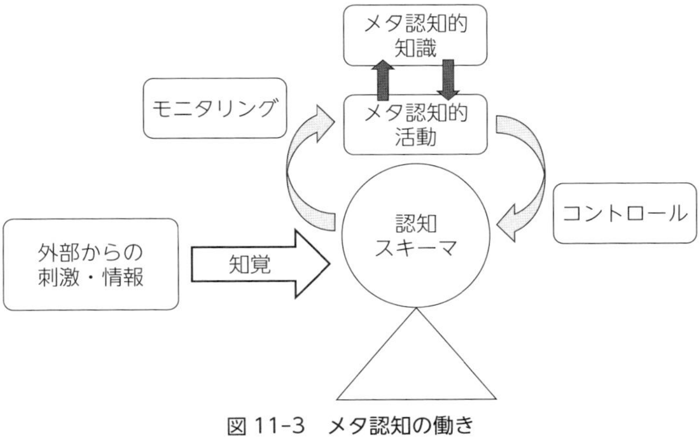

図11-3　メタ認知の働き
出典：三宮真知子編著『メタ認知―学習力を支える高次認知機能』北大路書房，2008年，pp.7-11を参考に著者作成

的で深い学び（ディープアクティブ・ラーニング）である。

3　相 互 評 価

学習者同士が，一定の共通基準を用いて，互いに評価することである。ここで共通基準が必要となるのは，単なる好き嫌いや人気といった，主観的な感情や価値観による，評価のゆがみを避けるためである。その意味では，相互評価は，対等な関係による学生同士が，互いに「評価する一評価される」関係である。

6　評価時期による分類

評価の目的・意義
評価の目的は学習方略の改善であり，結果（総括的評価）だけではなく学習進捗中の改善（形成的評価）が重要。

ブルーム（Bloom, B. S.）は，指導（学習）前段階，指導（学習）継続中，指導（学習）結果の3つの時期によって，**評価の目的・意義**を表 11-4 のように分類している。

表 11-4　評価の時期による分類

診断的評価	単元指導・学習前に学習者の既習レベル（レディネス）チェック，アセスメントの1つとして行い，指導計画を作成するために行うクラス分けテストなど。
形成的評価	単元指導・学習継続中に学習内容の到達度の確認，フィードバック，指導計画・内容の改善のために，定期的に行う漢字・計算などの小テストや口頭チェック，ノートチェックなど。
総括的評価	単元指導・学習完了後の到達度，成績の決定と記録・通知，指導効果の検証のために行う期末テスト，指導要録や内申書など。

出典：梶田叡一『教育評価［第2版補訂2版］』有斐閣，2010 年，p. 1 を基に著者作成

7　新しい評価方法

1　パフォーマンス評価

知識や技能の習得度合いだけではなく，知識そのものをどのように作り出すことができるのか，すなわち，メタ認知的知識を育むために必要な教育活動とその評価方法を考えるならば，従来からある評価方法の枠組みだけでは限界がある。そこで近年注目されているのが，パフォーマンス評価（performance assessment）である。

パフォーマンス評価とは，「ある特定の文脈のもとで，さまざまな知識や技能などを用いながら行われる，学習者自身の作品や実演（パフォーマンス）を直接に評価する方法[1)]」である。これまでにも大学教育においては，演習や実習，実技系科目における，さまざまなパフォーマンスについて，何らか

の評価が行われている。ただし，それらには，統一された尺度水準や評価基準があるわけではなく，主に評価者の主観的な価値概念や規準によって行われていると推察する。

2 ポートフォリオ評価

ポートフォリオとは，課題レポートや作品などの成果物をファイリングし，その蓄積を基に，個人内差についての縦断的な変容を評価する方法である。たとえば，まだ文字を未習得な幼児であっても，クレヨンや鉛筆などを用いた自由奔放で縦横無尽に描かれた，いわゆる「なぐり書き」を，作成した時系列順に並べたとする。すると，当初は直線ばかりであったのが，月齢が進むにつれて次第に曲線や楕円になり，色々な「ぐるぐる丸」などへと変化していく。このような描画の変化そのものが評価対象となる。

3 ルーブリック評価

パフォーマンス評価の特徴は，パフォーマンス課題（performance task）に基づいて多次元的・多段階的な分析を行い，さらに複数の評価者の間で評価の一貫性（信頼性）を担保することによって，直接評価を行う。その指標（基準）として，近年注目されているのが**ルーブリック評価**（rubric assessment）である。ルーブリックとは，「パフォーマンス（作品や実演）の質を評価するために用いられる評価基準[2)]」の1つであり，近年教育評価においても，注目されている指標である。同一授業を複数の教師が評価する場合においても一定の客観性が保たれるため，課題レポートや作品・実験の観察，面接，プレゼンテーション，グループ活動の自己評価・相互評価，複数の教師で担当する科目の評価などに適している（表11-5）。

ルーブリック評価
到達目標（規準）とその達成度合い（基準）を，文章化したマトリックスで示される配点表を基に行う評価方法。その作成手順は① 評価項目（行動特性）の整理，② それぞれの評価項目の，教育目標や授業目標の到達水準の検討。できれば複数の教職員によって文章化し，完成させることが望ましい。

表 11-5　ライティング評価ルーブリック例（著者作成）

評価レベル（規準）			評価レベル（基準）				
	評価項目（目標・規準）		S（GP=4） 目標以上に十分到達している	A（GP=3） 目標に十分到達している	B（GP=2） 目標に到達している	C（GP=1） 目標の最低水準には到達している	D（GP=0） 目標に到達していない
	形式面	文末表記・言葉づかい	全体的に論文・レポートとして最適な表記・表現で統一されている	論文・レポートとして適切な表記・表現で統一されている	論文・レポートとして妥当な表記・表現で統一されている	一部に論文・レポートとして妥当ではない表記・表現がある	論文・レポートに不適切な表記・表現が多数ある
	形式面	一文の長さ	全体的に一文の長さが最適である	一文の長さが適切である	一文の長さが妥当である	一部の文の長さが妥当ではない	一文の長さが不適切である
	形式面	日本語文法・表現	全体的に日本語として最適な文法・表現で統一されている	日本語として適切な文法・表現で統一されている	日本語として妥当な文法・表現で統一されている	一部に日本語として妥当ではない文法・表現がある	日本語として不適切な文法・表現が多数ある
	形式面	字数・書式・レイアウト	全体的に指定された字数・書式・レイアウトが順守され最適である	指定された字数・書式・レイアウトが適切である	指定された字数・書式・レイアウトが妥当である	一部に指定された字数・書式・レイアウトが妥当ではない	指定された字数・書式・レイアウトが順守されず不適切である
	形式面	引用・注	すべての引用・注の表記が最適である	引用・注の表記が適切である	引用・注の表記が妥当である	一部の引用・注の表記が妥当ではない	引用・注の表記が不適切である
	形式面	ページ番号・図・表	すべてのページ・図・表に通し番号と図・表の最適な説明がある	すべてのページ・図・表に通し番号と図・表の適切な説明がある	すべてのページ・図・表に通し番号と図・表の妥当な説明がある	一部のページ・図・表の通し番号と図・表の説明に瑕疵・欠落がある	すべてのページ・図・表の通し番号と図・表の説明が不適切である
	内容面	アウトライン	全体のアウトラインが論理的に構成されており最適である	アウトラインが論理的に構成されており適切である	アウトラインが論理的に構成されており妥当である	アウトラインの一部が論理的に構成されず妥当ではない	アウトラインが構成されていない
	内容面	問いと結論の設定	論理的に最適な問いと仮説および結論が設定されている	論理的に適切な問いと仮説および結論が設定されている	論理的に適切な問いと結論が設定されている	問いと結論が設定されているが妥当ではない	問いと仮説が設定されていない
	内容面	論理的な根拠	論理の根拠となる最適な先行研究が示されている	論理の根拠となる適切な先行研究が示されている	論理の根拠となる妥当な先行研究が示されている	論理の根拠となる先行研究が示されているが妥当ではない	論理の根拠となる先行研究が示されていない
	内容面	論理の一貫性	全体を通して論理が終始一貫しており独創性・発展性がある	全体を通して論理が一貫しており独創性がある	全体を通して論理が一貫している	全体を通した論理の一貫性に欠けている	全体を通した論理の一貫性がない

【引用文献】

1）溝上慎一「アクティブラーニング論から見たディープ・アクティブラーニング」，松下佳代編著『ディープ・アクティブラーニング』勁草書房，2015 年，p. 32
2）松下佳代「パフォーマンス評価による学習の質の評価―学習評価の構図の分析にもとづいて」『京都大学高等教育研究』18，2012 年，pp. 82-83

◇◇お薦めの参考図書◇◇◇◇◇◇◇◇◇◇◇◇◇◇◇◇◇◇◇◇◇◇◇◇

① 岩﨑千晶・田中俊也編著『学びを育む 教育の方法・技術と ICT 活用―教育工学と教育心理学のコラボレーション』北大路出版，2023 年

② 西岡加名恵・石井英真ほか編『新しい教育評価入門［増補版］―人を育てる評価のために』有斐閣，2022 年

③ 田中耕治編『よくわかる教育評価［第 3 版］』ミネルヴァ書房，2021 年

④ 梶田叡一『教育評価を学ぶ―いま問われる「評価」の本質』文溪堂，2020 年

⑤ 石上浩美・中島由佳編著『キャリア・プランニング―大学初年次からのキャリアワークブック』ナカニシヤ出版，2016 年

第 2 部
実践編

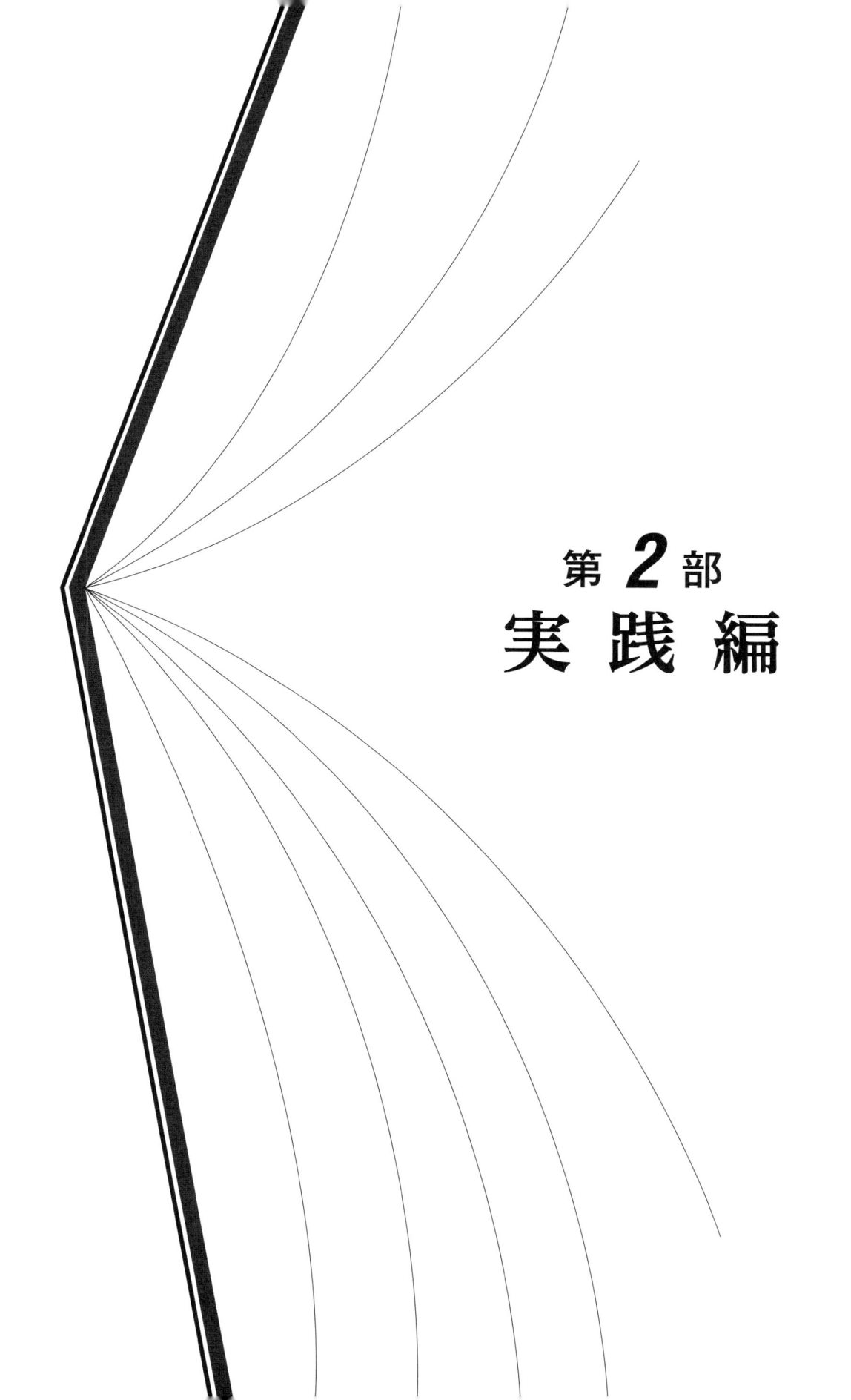

第12章 子どもを取りまく現状と課題Ⅰ ——小学校の現場から

1 子どもを取りまく現状

1 教育の現状

学習指導要領は，各学校種で教える学習内容の最低基準で，ほぼ10年に一度改訂されており，小学校では2020（令和2）年度から現行の学習指導要領が実施されている。英語教科化やプログラミング教育の導入などが柱で，「課題解決型学習（アクティブ・ラーニング）」のような指導法の充実が求められているのも大きな特徴である。

教育は社会の変化に無縁ではない。よく，教育における**不易と流行**という表現が用いられるが，どんなに社会が変化しても時代を超えて変化しない部分と社会の変化に応じて変わっていく部分を教育は併せ持っている。急速に進むグローバル化や情報化，少子高齢化などの社会の変化に対応し，国際社会でも活躍できる人材を育成することが喫緊の課題となっている。

学習指導要領
全国のどの地域で教育を受けても，一定の水準の教育を受けられるようにするため，文部科学省が決めている教育課程（カリキュラム）を編成する際の基準。

不易と流行
いつまでも変化しない本質的なもの「不易」と，時代とともに変化するもの「流行」。

2 不登校

小学校で子どもをとりまく現状を考えるとき，大きな教育課題になっている**不登校**の現状について知っておく必要がある。不登校とは，「何らかの心理的・情緒的・身体的あるいは社会的要因・背景により，子どもが登校しない，あるいはしたくともできない状況にあるため，年間30日以上欠席した者（ただし，病気や経済的理由によるものを除く）」をいう。

不登校の要因の分類は調査によってさまざまであるが，文部科学省の「令和4年度児童生徒の問題行動・不登校等生徒指導上の諸課題に関する調査」(2023)[1]では，① 学校に係る状況，② 家庭に係る状況，③ 本人に係る状況，④ その他に大きく分類している。小学校では，③ 本人に係る状況の「無気力，不安」(50.9%)，「生活リズムの乱れ，あそび，非行」(12.6%) が高い値となっており，不登校の要因の63.5%を占めている。そして，② 家庭に係る状況の「親子の関わり方」(12.1%)，① 学校に係る状況での「いじめを除く友人関係をめぐる問題」(6.6%) がそれに続いている。

不登校との関連で，新たに指摘されている課題として**局限性学習症**（SLD）

不登校
身体的な病気や経済的理由などの特別な原因が見あたらないにもかかわらず，何らかの心理的要因によって登校しない，あるいは登校したくてもできない状態。

限局性学習症（SLD）
全般的な知的発達に遅れはないが，読む・書く・話す・計算などの特定分野で困難を伴う障がいをいう。

注意欠如／多動症（AD/HD）
多動性，不注意，衝動性を症状の特徴とする神経発達症もしくは行動障がい。

や**注意欠如／多動症**（AD/HD）などがある。これらの子どもは，周囲との人間関係がうまく構築されない，学習のつまずきが克服できないといった傾向があり，これらの状況が進み，不登校に至ったという事例も報告されている。この文部科学省の調査は，「主たる要因を１つ選択」して調べたもので，不登校の要因の傾向を知るうえでは，大きな役割を果たしているが，複数の要因を持つ児童や要因の特定が難しい児童もいることに留意する必要がある。

2023（令和５）年10月に文部科学省から発表された「令和４年度児童生徒の問題行動・不登校等生徒指導上の諸課題に関する調査」の結果をみると不登校の児童生徒数（図12-1）は，10年連続で増加し，過去最多となっている。2020（令和２）年度からグラフが急激に上がっているのは，新型コロナウイルスによる影響が大きいといえよう。

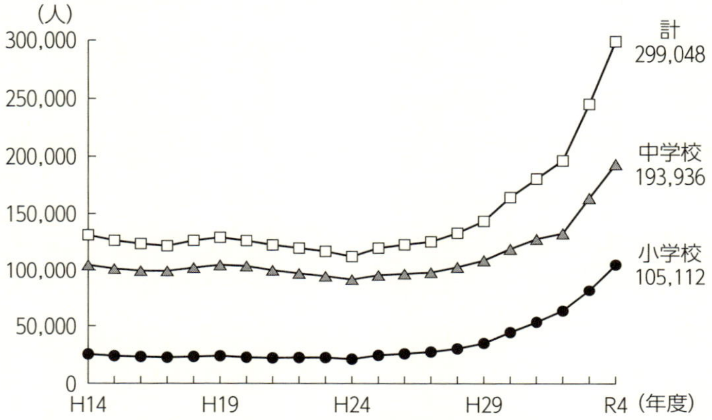

図12-1　不登校児童生徒数の推移

出典：文部科学省「令和４年度 児童生徒の問題行動・不登校等生徒指導上の諸課題に関する調査結果の概要」2023年，p. 20（http://www.mext.go.jp/content/20231004-mxt_jidou01-100002753_2.pdf，2024年1月11日閲覧）

また，「学年別不登校児童生徒数」（図12-2）の調査から，不登校は学年が上がるにつれてその数は増加し，中学１年で急激に増加していることがわかる。これは，学級担任制をとっていた小学校から，教科担任制の中学校に代わることも一因とされている。

今，小中連携がさまざまな学校で推進されているが，小学校と中学校の“段差”を無くし，不登校の子どもを出さないための取り組みを推進する必要がある。子どもを９年間の，いや保育所や幼稚園とも連携し，保・幼・小・中の長い期間で子どもの成長を捉え学習や生徒指導面の連携を推進し，不登校の子どもを出さない学校作りを行うことが重要である。

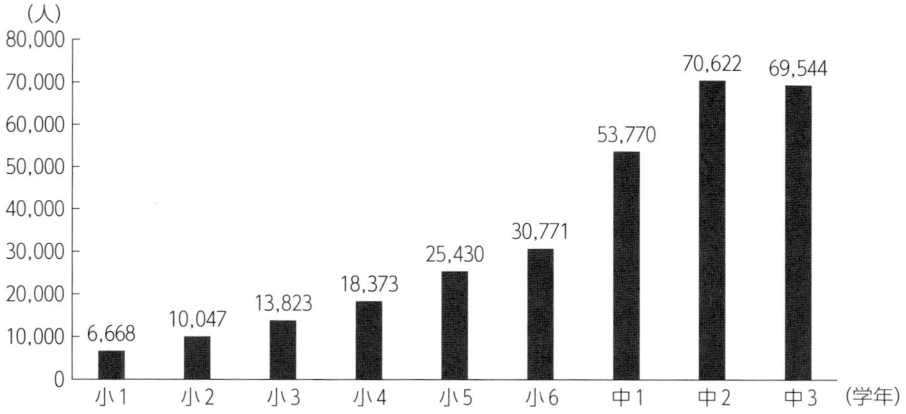

図 12-2　学年別不登校児童生徒数

出典：文部科学省「令和 4 年度 児童生徒の問題行動・不登校等生徒指導上の諸課題に関する調査結果の概要」2023 年を基に著者作成（http://www.mext.go.jp/content/20231004-mxt_jidou01-100002753_2.pdf，2024 年 1 月 11 日閲覧）

3 い じ め

不登校と並んで大きな課題としていじめがあげられる。「**いじめ防止対策推進法**」では，「いじめ」とは，「児童等に対して，当該児童等が在籍する学校に在籍している等当該児童等と一定の人的関係にある他の児童等が行う心理的又は物理的な影響を与える行為（インターネットを通じて行われるものを含む。）であって，当該行為の対象となった児童等が心身の苦痛を感じているもの」と定義されている。なお，起こった場所は学校の内外は問われない。この法律での「児童等」は「児童生徒」のことなので，それを踏まえて定義を読んでほしい。

いじめ防止対策推進法
子どもたちの間で起きているいじめの問題に対し社会全体で向き合い，適切に対処していくため基本的な理念や体制を定めた法律。

個々の行為が「いじめ」に当たるか否かの判断は，「表面的・形式的に行うことなく，いじめられた児童等の立場に立って行うものとする」とされている。「いじめられた児童等の立場に立って」とは，いじめられたとする児童生徒の気持ちを重視することであり，子どもが心身の苦痛を感じたら「いじめ」と考え，対応をとることが必要である。

2023（令和 5）年 10 月に文部科学省から発表された「令和 4 年度児童生徒の問題行動・不登校等生徒指導上の諸課題に関する調査」の結果をみると小学校でのいじめの認知件数は，551,944 件（前年度 500,562 件）で，いじめを認知した学校数は 17,420 校となっている。1 校当たりの認知件数は 28.5 件（前年度 25.7 件）と増加している。

いじめの様態では，「冷やかしやからかい，悪口や脅し文句，嫌なことを言われる」（56.4%）が最も多く，「軽くぶつかられたり，遊ぶふりをして叩かれたり，蹴られたりする」（25.7%）と続いている。いじめの認知件数が増えている一因に，重大事態になる前にいじめと認定し対策をとっている学校が増加したこともあげられている。

また，パソコンや携帯電話を使ったいじめは，小学校を含む全体で23,920件（前年度21,900件）と増加傾向であり，引き続き注意が必要である。

いじめの日常的な実態把握のために，「アンケート調査」や「個別面談」，「個人ノート」などを実施している学校が多く，いじめの認知にも役だっている。いじめ防止対策推進法が制定され，地方自治体や学校において「いじめ防止基本方針」を策定し，ホームページに載せて周知しているところも多い。いじめ防止基本方針には，いじめの防止のための取り組みや重大事態が発生した場合の対応が記されているので，理解を深めておくことが大切である（章末の「**いじめ防止基本方針（例）**」参照）。

いじめ防止基本方針
いじめ防止対策推進法をふまえ，いじめの防止のための取り組みや重大事態が発生した場合の対応について定めたもの。

4　学級崩壊

学級崩壊という言葉をきいたことがあるだろうか？何をもって学級崩壊とするのかは議論のあるところだが，学級が落ち着かず，教師の指示が届かない状態を想像してほしい。教師は“自分は子どもとのコミュニケーションがとれているので大丈夫”“自分には関係ない”と思っているかもしれないが，教育現場では，学級崩壊は初任者の学級でもベテランといわれている教師の学級でも起こっている。

教師の指示が通らず，学級としての機能が働かない状態，いわゆる学級崩壊は，いくつかのマイナス要因が重なるとどの学級でもおこる現象である。その要因の種類は，以下の4つである。

① 子ども，② 保護者，③ 組織，④ 教師

この4つの要因が学級崩壊のひきがねとなり，これらの要因が重なったとき，学級は崩壊を起こすのである。

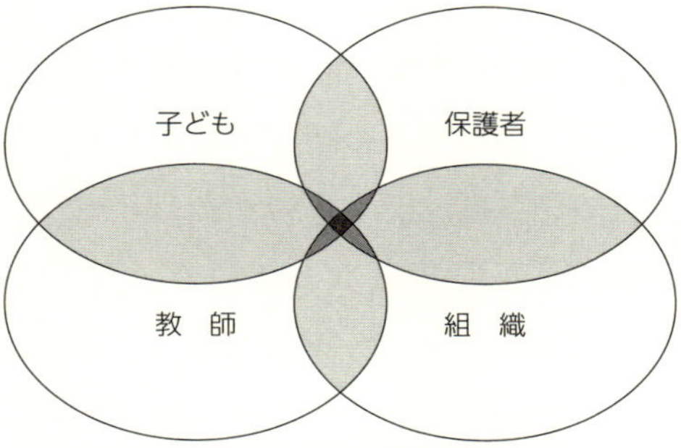

図12-3　学級崩壊の要因

学級崩壊のマイナス要因について詳しく触れておきたい。１つ目の要因は，学級を構成する「子ども」である。近年の子どもたちはコミュニケーションをとるのが下手で友達とのつながりも希薄になってきているといわれている。自分で考えて行動するのではなく流される傾向をもっている。極端な場合，学級ルールを守らない１人の子どもが，教師より影響力を持ち，学級を崩壊へと導くかもしれないのである。

次の要因は，学級の「保護者」である。“自分の子どものことしか考えない”“自分の子どものいうことしか信じない”という保護者が増えている。なかには理不尽な要求を学校や担任に突きつけてくる保護者もいる。いわゆる**モンスターペアレンツ**である。学級全体を考えて指導をしていても保護者から毎日のように我が子中心の苦情や要求を突きつけられては，学級の的確な運営に支障をきたし，それが崩壊のひきがねとなってしまうのである。

さらに，いうまでもないが，教師自身の問題である。「教師」の考え方が硬直的で子どもや保護者とのコミュニケーションを欠く場合は，学級崩壊を起こす可能性が大きいといえよう。子どもたちや保護者は，“どうせ先生はわかってくれない”との思いをいだき学級に対する不満が膨らんでいくからである。それから，教師の“心の健康”も大切である。教師の休職者の増加が問題になっているが，その原因のなかでも年々増加しているのは**精神疾患**によるものである。文部科学省の「令和４年度公立学校教職員の人事行政状況調査」(2023)[2] によると，2022（令和４）年度に精神疾患により休職した**教育職員**は，6,539 人（前年度 5,897 人）にのぼる。2021（令和３）年度から 642 人増加し過去最多となっており，精神疾患によってダウンする事態が，他人事ではない時代になっているのである。また，教職員の専門病院である近畿中央病院のデータからは，「生徒指導の一環として保護者対応が絡んできて，同僚や管理職との人間関係も大変になるという連鎖がおこり，ストレスが増大しダウンするという教員が多い」ということがわかる[3]。精神疾患になる教師は，初任者から 50 代のベテランといわれる教師までさまざまである。教師の“心の病”は，教師を疲弊させそれが学級崩壊に繋がっているのである。

そして，教師や子ども，保護者を取りまいている環境，つまり「組織」も大切である。“学級崩壊を起こすのはその教師に力がないからだ”とその原因を１つに決めつけ，学級崩壊に対する処方箋をもたない学校組織の場合，学級のほころびを隠す方向に教師のベクトルが向かい学級崩壊を起こす危険性が高まってしまうのである。

学級崩壊を起こす要因は１つではない。しかし，だれの側にもある要因ば

モンスターペアレンツ
学校などに対して自己中心的かつ理不尽な要求をする保護者をいう。

精神疾患
原因によって心因性，外因性，内因性などの分類がある。「うつ病」はストレスや生活環境などの何らかの原因によって，脳内の神経の情報を伝達する物質のバランスが崩れることによって引き起こされると考えられている。

教育職員
「令和４年度公立学校教職員の人事行政状況調査」における「教育職員」とは，公立の小学校，中学校，高等学校，特別支援学校などの校長，副校長，教頭，主幹教諭（首席），指導教諭，教諭，養護教諭，栄養教諭，講師などをいう。

かりである。昨年うまくいったからといってその学級経営がそのまま今年も使えるわけではない。だれもが学級崩壊を起こす可能性を持っていると考えておくことが大切である。

ここで学級崩壊になった学級の様子を紹介する[4)]。小学校5年生で31名（男子16名・女子15名）の子どもが在籍する学級である。その学級の子どもたちは，教室の扉が壊れても教室においてあるオルガンやゴミ箱などを乱雑に扱っても平気な顔をしていた。「死ね」「むかつく」「めんどい」「くさい」などの言葉を平然と使用し，発言力のあるやる気のない子どもが勝手に学級のルールを決め，「きしょい」「くさい」といって特定の子をいじめていた。“教室が安心できない”“こわい”といって不登校になる子どもも現れ，休み時間が過ぎても教室に入らないグループや授業中に当然のようにトイレにいく子が学級を落ち着かない状態にしていた。ルールが存在しない荒れた教室のなかにいる学習意欲が低い子どもたちが教師の指示に従わない状況である。

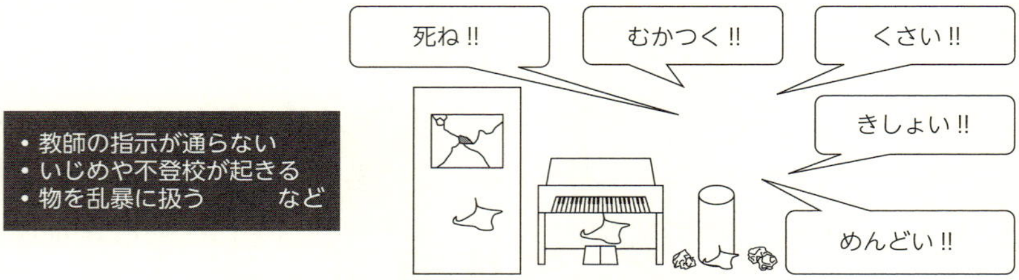

図 12-4　学級崩壊を起こした学級の様子

学級崩壊を学校の緊急課題として位置づけ，援助チームを作って対応することが必要である。言葉を換えていうならば，短期間で学級崩壊から立て直しをするという共通認識を教職員全員が持ち，学校の危機，最優先課題としてその“痛み”を共有するということである。

学級崩壊がおこって担任が病欠で休む事態になると誰がその後を担任するかが職員室の関心事になり，指導力のある教師，なかでも担任をもっていない専科の教師がその候補に挙がる。そして，校内の会議（多くの場合，校内の会議の前に管理職と新担任となる教師の間で事前に話し合いがあり，すでに内諾がある状態）で新担任が決まると，後はその人に任せっきりになるケースが多い。この場合だと新担任になった教師の負担が大きく，学級崩壊からの立て直しに1人で挑むことになるため長い時間がかかってしまい，その教師が担当していた教科などの「抜けた穴」を一部の学年の教師が負担することになる。たとえば理科の専科教師が新担任になった場合，今までその専科教師が担当していた5，6年の理科の授業は担任に返されることになり，十分な教材研究や学年間の話し合いが不十分なままそれぞれの担任が授業を担当することになる。十分な教材研究のない授業は，“わからない”“おもしろくない”授業となって子どもたちに跳ね返ってくる。

学級崩壊が長引くということは，「教師は自信を失い，子どもたちは自己肯定感を低下させ，学校組織にひずみを生じさせる」ことを意味する。学級崩壊は，子どもたちに学力や自己肯定感の低下，問題行動の増加という形で「傷」をつけるだけでなく，教師にも自信喪失や精神疾患の増加という心の「傷」を与え，学校組織にひずみを起こすのである。以上のことから，短期間で学級を立て直すことが必要な理由を理解してもらえたのではないかと思う。

以下の 4 つのポイントは，チームで学級崩壊に対応し，立て直した援助チームがまとめたものである[4)]。学級崩壊を立て直した実践に学ぶことが大切である。

① 援助チームを作る
② 教科担任制，TT 授業を導入する
③ 教師と子どもの**教育相談**を実施し子どもとの関係を改善する
④ 保護者と連携する

教育相談
児童生徒の学校生活における学習相談，生活相談，進路・就職相談などを包括する呼び名。学業不振，非行，いじめや不登校などから受験まで，子どもや親の悩みに対応。

2 生徒指導

1 生徒指導提要とは

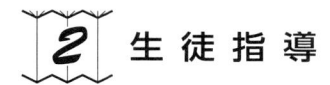

生徒指導提要は，「小学校段階から高等学校段階までの**生徒指導**の理論・考え方や実際の指導方法について，時代の変化に即して網羅的にまとめ，生徒指導の実践に際し教職員間や学校間で共通理解を図り，組織的・体系的な取り組みを進めることができるよう，生徒指導に関する学校・教職員向けの基本書として，平成 22 年に作成された」[5)]。近年，子どもたちを取りまく環境が大きく変化していることに加え，「いじめ防止対策推進法」や「**こども基本法**」などが成立し，生徒指導をめぐる状況は大きく変化している。

こうした状況をふまえ，生徒指導の基本的な考え方や取り組みの方向性などを再整理するとともに，今日的な課題に対応するために，2022（令和 4）年 12 月に生徒指導提要が改訂された。生徒指導提要は書籍だけでなく文部科学省のホームページにデジタルテキストとして掲載されているので，参考にしてほしい。

生徒指導
児童生徒が社会のなかで自分らしく生きることができる存在へと自発的・主体的に成長や発達する過程を支える教育活動のこと。生徒指導上の課題に対応するため，必要に応じて指導や援助を行う。

こども基本法
こども施策を社会全体で総合的かつ強力に推進していくための包括的な基本法。

2 改訂のポイント

改訂された生徒指導提要では，生徒指導の構造を 4 層から成る重層的支援

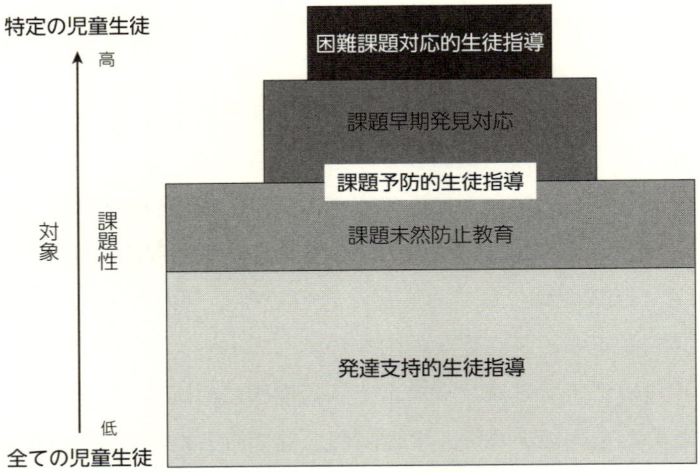

図 12-5　生徒指導の重層的支援構造

出典：文部科学省「生徒指導提要 第Ⅰ部 生徒指導の基本的な進め方」2022 年，p.19 を基に著者作成（https://www.mext.go.jp/content/20230220-mxt_jidou01-000024699-201-1.pdf，2024 年 1 月 11 日閲覧）

として表している[6]。

第 1 層は，「発達支持的生徒指導」で，すべての児童生徒を対象に，学校教育の目標の実現に向けて，教育課程内外のすべての教育活動において進められる生徒指導の基盤となるものである。児童生徒にとって学校が安全・安心な場所になるための魅力ある学校づくりと教科などにおける生徒指導を意識した授業の充実が求められている。

第 2 層は，「課題予防的生徒指導」の「課題未然防止教育」で，すべての児童生徒を対象に，生徒指導の諸問題の未然防止をねらいとした，意図的・組織的・系統的な教育プログラムを充実させることが大切である。

第 3 層は，「課題予防的生徒指導」の「課題早期発見対応」で，課題の予兆行動が見られたり，問題行動のリスクが高まったりするなどした一部の気になる児童生徒を対象に，スクールカウンセラーや SSW などと連携し，初期の段階で発見・対応することが重要である。

第 4 層は，「困難課題対応的生徒指導」で，いじめ，不登校，少年非行，児童虐待など特別な指導・援助を必要とする特定の児童生徒を対象に，校外の警察，病院，児童相談所，NPO などの関係機関とも連携し，継続的な課題対応を行うことが大切である。

生徒指導の重層的支援構造を理解するとともに，生徒指導においては，問題が起きてから対応するという受け身な姿勢ではなく，どうすれば起きないようになるのかという点に注力することが大切である。未然防止の視点をもった“積極的な生徒指導”が求められているといえよう。

生徒指導提要の改訂のポイントを簡潔に要約をするのは難しいが，次の 3

点はあげておきたい。

- 法的根拠を重視すること
- すべての子どもを対象とする「発達支持的生徒指導」や「課題予防的指導（課題未然防止教育）」を充実させること
- 多職種と連携し，チーム学校で対応すること

次にこの改訂のポイントをふまえ，チーム学校として子どもを取りまく課題に対応することができると注目されている，「ガイダンスカリキュラム」について述べることとする。

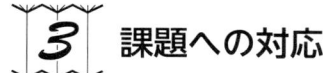

3 課題への対応

1　ガイダンスカリキュラム

（1）ガイダンスカウンセラー

ガイダンスカウンセラーという言葉をご存じだろうか。ガイダンスカウンセラーとは，幼・小・中・高校や特別支援学校，大学などにおいて，子どもの学習面，人格・社会面，進路面，健康面における発達を援助する専門家である。すべての子どもの発達課題に対する一次的援助サービス，苦戦している子どもへの二次的援助サービス，不登校や発達障がいなどで特別な教育ニーズがある子どもに対する三次的援助サービスをリーダーあるいはコーディネーターとして行い，さらに地域と連携して子どもたちの支援にあたるとともに，家庭の支援を行う者である。

子どもたちに「生きる力」を育成するため，管理職は明確な経営ビジョンを示し，教職員の組織の活性化を図り，創意ある教育課程の編成や実施，評価，改善を着実に進めていかなければならない。また，これからの教育には，子どもたちが課題を乗り越えるためのしなやかな知性や心を育てることが求められている。そのうえで大きな役割を担うのがガイダンスカウンセラーである。

さまざまな学校で，チーム対応が行われ，**ケース会議**が開かれている。ただ，いじめや不登校といった問題が起こってから開かれることが多く，情報を共有するだけで時間がかかりその対応の検討が十分でない場合も多い。問題が起こってからケース会議を開くのではなく，問題を未然に防ぐことができたら傷つく子どももなく，教職員の負担も減るのではないだろうか。

ケース会議
解決すべき問題や課題のある事例を個別に深く検討することによって，その状況の理解を深め，対応策を決める会議。

ひとたび問題が起こればそれに対応するために多大な時間と労力をはらうことになる。未然に防止するためにも，ぜひガイダンスカウンセラーの一次

的援助サービスや二次的援助サービスを活用したい。

全国的には，ガイダンスカウンセラーがいる学校はまだ少数である。多くの学校ではスクールカウンセラーとして**臨床心理士**が教育相談などを担当しているところが多いのではないだろうか。臨床心理士が心のスペシャリストとして子どもたちや教師・保護者などの相談にのってその成長に関わってきた実績はけっして小さなものではない。しかし，相談をしたいという人がいて初めて教育相談という支援が開始されることが多いので，学校現場では「教育相談に繋ぎたいのだけれど（子どもや保護者が）希望しないのでしかたがない」という声があがっている。本当に支援の必要な子どもや保護者に支援が届かないのである。

臨床心理士
心の病や悩みをもつものと対面し，言語的あるいは行動的に心の健康回復を支援する人。スクールカウンセラーとして学校に多く配置されている。

それに対して，ガイダンスカウンセラーの一次的援助サービスは，すべての子どもが援助の対象であり，授業などを通して子どもと繋がることができるのが利点である。臨床心理士のなかには，授業（多くの子どもたちを対象にした集団指導）をあまり得意としない方もいて，積極的に授業を行い，いじめや不登校を未然に防止しているかというと充分とはいえないのが現状である。

相談室で相談に来る人を待つのか，積極的に未然防止に努めるのかという違いが両者には存在している。

ガイダンスカウンセラーは基礎資格として，学校カウンセラー，学校心理士，キャリア・カウンセラー，教育カウンセラー，認定カウンセラー，臨床発達心理士のいずれか，もしくは複数の資格をもち，それらの上位資格としてガイダンスカウンセラーの認定を受けている。すでに起こった問題に対する個別面談だけでなく，予防・開発的に，教室での授業（集団指導）や学校組織のチーム対応，教師への**コンサルテーション**などを行い学校教育の充実に資することをめざしている。学校にとって力強い“応援団”ということができよう。

コンサルテーション
援助が必要な人に対して，異なる専門性を持つものがより効果的な援助活動を行うこと。

（2）ガイダンスカリキュラム

ガイダンスカリキュラムとは，子どもたちの発達を促進する計画的継続的な参加体験型の授業のことである。

アメリカでは，ガイダンスカリキュラムがスクールカウンセリングの中心である。生徒指導提要においてもすべての子どもを対象にした生徒指導が重視されているが，アメリカでも，子どもたち全員を対象に予防・開発的指導を行うことが必要であると考えられているからである。

千葉県では小学１年生から中学３年生まで，年間４時間，「豊かな人間関係づくり実践プログラム」を県全体で実施している[7)]。低学年では，コミュニケーションの力，中学年では共感，お互いを理解し合う力，高学年では，問題解決や発言に責任をもつ力，中学1年ではクリティカルシンキング（物事を多面的な角度から考える力），中学2年ではセルフコントロール力，中学3年では意志決定力の育成を目指している。1時間の流れは，以下の通りである。

① 授業の流れを確認する
② 本時のめあてを確認する
③ モデルを提示する
④ 子どもたちの活動
⑤ まとめ
⑥ 振り返り

まとめでは，プリントなどを用いて，学んだことを概念的に整理するようにしている。「楽しそうに取り組んだ」「周りの人のことを気にかけるようになった」「人の話を聞くようになった」「あいさつが多くなった」「トラブルが少なくなった」などの成果が報告されている。また，県の教育委員会では，県内のプログラム実践校などの教師を講師に，初任者研修のなかの1コマとして実施し，初任者がガイダンスカリキュラムを行ううえで必要な力を身につけられるように研修を行っている。

ガイダンスカリキュラムは，“授業型の生徒指導”ともよばれている。同じ中学校ブロックで保・幼・小・中で連携をしてカリキュラムを作成すれば，より計画的で継続的な指導が可能となり，子どもたちのすこやかな成長に繋がっていくことが期待できる。子どもたちのすこやかな成長のためには，不登校やいじめ，学級崩壊などの教育課題を未然に防止する視点をもち，子どもにかかわる者が連携して支援にあたることが大切である。

2　対応のポイント

子どもたちの多様化が進み，さまざまな困難や課題を抱える児童が増えるなか，学校は子どもの発達や教育的ニーズをふまえつつ1人1人の可能性を最大限に伸ばしていく教育が求められている。

小学校を取りまく現状と課題について述べてきたが，課題に真摯に向き合い対応を考えることが大切である。課題に対応するポイントとして，以下の4点をあげておきたい。

① 学校が安心して楽しく通える場になっているのかを意識する ② 未然防止の視点をもつ ③ 保護者や地域と連携する ④ 多職種の方々と連携する

子どもたちにとって学校が安心して楽しく通える場になっているのかを常に意識すること，そして，いじめや不登校，学級崩壊といった課題が起こってからその対応を考えるのではなく，未然防止の視点をもつことが大切である。

ガイダンスカウンセラーやガイダンスカリキュラムについて紹介し，すべての子どもたちに生徒指導を行うことの大切さについて述べてきたが，計画的継続的な教育カリキュラムはもちろん，すべての教育活動において生徒指導を充実させていくことが重要である。

教師という仕事は，子どもの成長にかかわることができる素晴らしい仕事である。子どもたちが社会のなかで自分らしく生きることができる存在へと成長していけるように，保護者や地域，そして，多職種の方々と連携した“チーム学校”で，さまざまな教育課題に向き合うことが求められている。

【引用・参考文献】

1）文部科学省「令和4年度 児童生徒の問題行動・不登校等生徒指導上の諸課題に関する調査」2023 年（http://www.mext.go.jp/a-menu/shotou/seitoshidou/1302902.htm，2024 年 1月 11 日閲覧）
2）文部科学省「令和４年度公立学校教職員の人事行政状況調査」2023 年（https://www.mext.go.jp/a_menu/shotou/jinji/1411820_00007.htm，2024 年 5 月 19 日閲覧）
3）井上麻紀『教師の心が折れるとき』大月書店，2015 年，pp. 24-25
4）矢野 正・宮前桂子編著『特別活動・総合学習論―子どもをつなぐ学級経営』大学教育出版，2022 年，pp. 147-171
5）「月刊生徒指導」編集部編『生徒指導提要［改訂版］―全文と解説』学事出版，2023 年，p. 34
6）文部科学省「生徒指導提要」2022 年（https://www.mext.go.jp/content/20230220-mxt_jidou01-000024699-201-l.pdf，2024 年 1 月 11 日閲覧）
7）宮前桂子「未然防止の視点をもとう」大阪府公立小学校教育研究会編『OSAKA 教育新潮』208，2016 年，pp. 70-72

◇◇お薦めの参考図書◇◇◇◇◇◇◇◇◇◇◇◇◇◇◇◇◇◇◇◇◇◇◇◇◇◇◇

① スクールカウンセリング推進協議会編著『ガイダンスカウンセラー入門』図書文化，2011 年
② 中島一憲『教師のメンタルヘルスＱ＆Ａ』ぎょうせい，2006 年
③ 石上浩美編著『新・保育と表現』嵯峨野書院，2019 年
④ 宮下一博・河野荘子編著『生きる力を育む生徒指導［改訂版］』北樹出版，2011 年

資料　いじめ防止基本方針（例）

令和5年度　いじめ防止基本方針

A市立〇〇小学校

（目的）

第1　いじめは，「どの子どもにも，どの学校でも起こりうること」であり，いじめを受けた児童の心身の健全な成長および人格の形成に重大な影響を与えるのみならず，その生命又は身体に重大な危険を生じさせる恐れがある。以下，「いじめは絶対に許されない」学校を構築するため，「いじめの防止」「早期発見」「いじめに対する措置」等に関する基本方針を定める。

（いじめの防止）

第2　いじめを未然に防ぐため，次にあげる事項に努める。

1　児童一人ひとりの尊厳が守られ，いじめに向かわせないための未然防止に，すべての教職員が取り組む。

⑴ 日常的に児童の行動の様子を把握する。

⑵ 欠席日数と出席状況等を注視し，情報を共有する。

⑶「いじめに対応する委員会」と「いじめ・不登校防止コア会議」の活用に努める。（組織は，管理職・首席・生徒指導担当者・事務職員（2名のとき）・各学年担当者・支援担当者・特別支援コーディネーター・養護教諭・教育相談員，SSW〔スクールソーシャルワーカー〕その他の関係者により構成する）

⑷ いじめの防止対策等に関する年間計画を策定する。

⑸ いじめ予防授業を継続して実施する。

⑹ 計画的に校内研修を行う。

⑺ 年間計画を策定・改訂する際，PTA・学校評議員に意見を求める。

2　いじめについての共通理解を図り，児童・生徒がいじめに向かわない態度・能力を育成するとともに，いじめが生まれる背景を把握し，自己有用感や自己肯定感を育み，児童自らがいじめについて学ぶ取組を進める。

⑴ 教育活動全体を通じた道徳教育や人権教育を充実する。

⑵ 読書活動や体験活動等を推進し，幅広い社会体験や生活体験の機会を設ける。

⑶ 言語活動を充実させ，児童のコミュニケーション能力を向上する。

⑷ 児童会活動を活性化し，児童自らが「いじめ撲滅」に取り組む姿勢を育む。

⑸ ともに学び，ともに育つ教育環境づくりを進める。

⑹ いじめ予防授業を実施し，児童がいじめを自分のこととしてとらえられるように指導するとともに，いじめに直面した際に取るべき行動について，正しい知識を身につけられるよう指導する。

⑺ いじめを生みにくい学級づくり，集団づくりのために，学校風土調査（子どものための学校調査）を活用し，本校の課題や取組について教職員全体で共有する。

⑻ インターネット等で行われるいじめを防止し，効果的に対処することができるよう，児童への情報モラル教育および保護者への啓発活動を進める。

（早期発見）

第3　いじめを早期に発見するため，次にあげる事項に努める。

1　児童が示す小さな変化や危険信号を見逃さないよう積極的にいじめを認知するためのアンテナを高く保ち，早い段階から複数の教職員で的確に関わるとともに，暴力を伴わないいじめや，潜在化しやすいグループ内のいじめなどにも注意深く対応する。

⑴ 日常の児童相互の人間関係を把握し，ささいな兆候も教職員間で共有する。

⑵ いじめ・生活アンケートを学期に1回実施する。

⑶ 教育相談日においても，いじめの当事者（含む保護者）やいじめ周辺者（含む保護者）からの情報の収集に努める。

（いじめに対する措置）

第4　いじめを発見・通報した場合は，次にあげる事項に努める。

1　発見・通報を受けた場合は，特定の教職員で抱え込まず，速やかに学年所属教職員または，生徒指導委員会で対応するとともに，「いじめに対応する委員会」を開き，今後の方針と役割分担等を決定する。また，月に1度開催する「いじめ・不登校防止コア会議」でも報告・相談を行う。被害児童を守り，加害児童の社会性の向上や人格の成長に主眼を置いた指導を行う。

⑴ いじめと疑われる行為を発見した場合は，その行為を制止し，相談や訴えがあった場合は，被害児童および相談者の安全を確保しながら，事実の把握に努める。

⑵ 把握した事実を原則，その日のうちに保護者へ伝える。

⑶ 被害児童に寄り添い，支える体制づくりを行い，必要に応じて加害児童を別室指導や出席停止とする。

⑷ 好ましい集団活動を取り戻し，新たな活動を踏み出すために，必要に応じて警察等関係諸機関の協力を得る。

⑸ いじめを見ていた児童に対しても，自分の問題としてとらえるよう指導する。

⑹ いじめが犯罪行為として取り扱われるべきものと認められる場合には，市教育委員会と連携し，また警察署と相談して対処する。児童に重大な被害が生じる恐れがある時は，直ちに警察署に通報し，適切に援助を求める。

⑺「組織的な対応の流れ」を策定し，早期解決に努める。

2　重大事態が発生した場合は，市教育委員会に報告し，事態の早期解決に努める。

⑴ いじめにより被害児童に重大な被害が生じた疑いがある場合や，いじめにより欠席を余儀なくされている疑いがある場合等は，調査チームによる調査を行い，事態の早期解決に取り組む。

⑵ いじめに対応する委員会は，被害・加害児童からの聴き取りや質問紙によるアンケート調査の実施等を速やかに行い，その調査結果を被害・加害児童およびその保護者に対して報告するとともに，改めて，要望や意見を十分に聴取する。

⑶ 必要に応じて，被害児童およびその保護者の所見を添え，市教育委員会に報告する。

（その他）

第5　この基本方針は，取組の進行状況の確認や，課題解決に至っていないケースの検証等，年度ごとに検討を行い，児童の実態に応じて計画を見直す。

第13章 子どもを取りまく現状と課題Ⅱ ——スマートフォン時代の子どもたち

1 スマホ時代を生きる子どもたち

ネット依存
ネットに夢中になっている様子が薬物依存等と似ているのでよく使われているが，まだ正式な病名ではない。

高額課金
ネット上でお金を使うことを課金とよぶ。子どもたちがつい高額な課金をしてしまうことが問題になっている。

ネット依存，**高額課金**，拡散・炎上等，マスコミでは連日，子どもたちとインターネット問題についての報道がなされ，社会問題になっている。

子どもとインターネット問題の研究は，国内では「サイバー型いじめ（Cyber Bullying）の理解と対応に関する教育心理学研究」（小野・斎藤，2008）[1] 等のネットいじめ関連の研究が多く行われてきた。

2008（平成20）年以降，ガラケー（従来型携帯電話）が子どもたちに普及し，トラブルがいじめだけでなく多岐に渡ってきたため，ワンクリック詐欺疑似体験教材の開発（新谷・長谷川，2013）[2]，デモンストレーションを行った教材開発（鈴木ら，2012）[3] 等，悪意のあるトラブルへの対応教材の開発が進められ，ネット上で青少年が被害に遭わないための対応実践の研究の結果，体験型プログラムの有用性が示されている。

この頃までは，子どもたちのインターネット利用に対しては，大人側は，フィルタリングに代表されるように「禁止・制限」の姿勢でのぞむ場合が多かったが，2012（平成24）年以降，子どもたちにスマートフォンが普及するようになって状況が変わってきている。子どもだけでなく，大人の生活にもスマートフォンが普及し，その便利さを社会全体で享受するようになってきているので，大人の子どもへのスタンスも「利活用のさせ方」に力点が移行しつつある。

2 急速な低年齢化

1 インターネット利用の低年齢化

図13-1は，年齢別のインターネット利用率であり，インターネット利用が過半数を超えるのは2歳である[4]。2歳児が自分で主体的に端末等を操作するとは考えられないので，周囲の大人が使わせている可能性が高い。

昭和，平成の家庭では，夕食の準備を保護者がしているとき，乳幼児は，「お母さんといっしょ」等のテレビ番組を見て待つ場合が多かったが，今の乳幼児は YouTube を見ながら過ごすことも多い。1歳児くらいでもスマートフォン画面が操作できることが報告されているが，このあたりがポイントの1つだろう。

スマホネイティブ世代が親になり，その子どもたちが乳幼児期からスマートフォンを活用している。そう考えると，「スマホネイティブ2世」の課題が始まったといえるだろう。

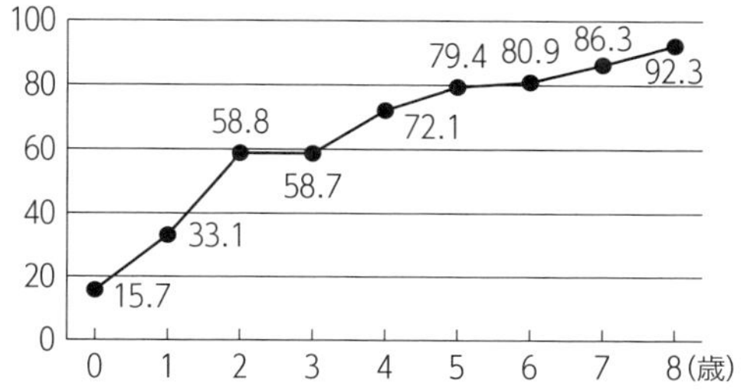

図 13-1　年齢別インターネット利用率（%）
出典：こども家庭庁「令和 5 年度 青少年のインターネット利用環境実態調査 調査結果（速報）」2024 年，p. 7 を基に著者作成（https://www.cfa.go.jp/assets/contents/node/basic_page/field_ref_resources/9a55b57d-cd9d-4cf6-8ed4-3da8efa12d63/fc117374/20240226_policies_youth-kankyou_internet_research_results-etc_09.pdf，2024 年 4 月 4 日閲覧）

2　スマートフォン所持の低年齢化

図 13-2 は，子どものスマートフォン所持率の推移である。注目すべきは，10 歳で過半数を超えている（65.2%）ことである。2012（平成 24）年頃は高校入学祝いがスマートフォンであることが増えたが，2018（平成 30）年頃には中学の入学祝いに，2020（令和 2）年以降さらに早まり，2023（令和 5）年には小学校高学年から所持するようになったことがわかる[4)]。

もう少し，こども家庭庁のデータ（2021［令和 3］年までは内閣府調査）を見ると，過半数を超える年齢は，2019（令和元）年 12 歳，2020 年（令和 2）12 歳，2021（令和 3）年 11 歳，2022（令和 4）年 10 歳となっており，予想以上の勢いで低年齢化が進んでいることがわかる。これまでは，子どものスマートフォン利用等への対策は中学校以降であったが，さらに下の層への

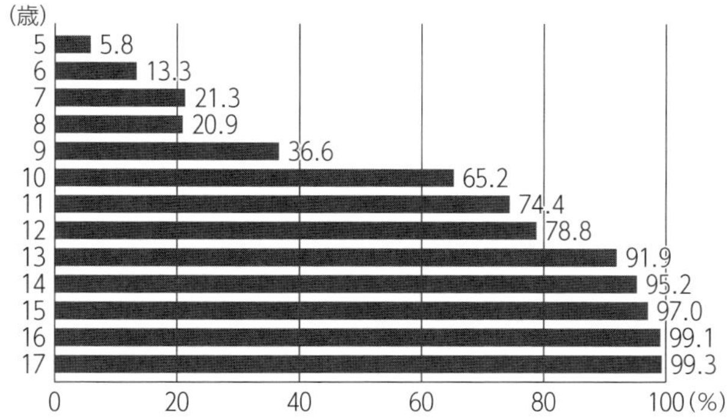

図 13-2　年齢別専用スマートフォン所持の推移
出典：こども家庭庁「令和 5 年度 青少年のインターネット利用環境実態調査 調査結果（速報）」2024 年，p. 10 を基に著者作成（https://www.cfa.go.jp/assets/contents/node/basic_page/field_ref_resources/9a55b57d-cd9d-4cf6-8ed4-3da8efa12d63/fc117374/20240226_policies_youth-kankyou_internet_research_results-etc_09.pdf，2024 年 4 月 4 日閲覧）

対応が求められる。

3　GIGA スクール構想

GIGA スクール構想
1人1台端末と，高速大容量の通信ネットワークを一体的に整備することで，特別な支援を必要とする子どもを含め，多様な子どもたちを誰1人取り残すことなく，公正に個別最適化され，資質・能力が一層確実に育成できる教育環境を実現する。

政府は，2019（令和元）年，**GIGA スクール構想**を打ち出し，児童は小学1年生から1人1台の情報端末を持ち，授業のなかで文房具として活用している。こういう状況では，「禁止・制限」とはいいにくい。

学校は，GIGA スクール構想が打ち出される以前は，子どもたちのインターネット利用に対して，学校での指導ではなく，家庭の課題・問題に位置付けることが多かったが，これからは学校の問題としても位置付けられる。

学校で活用すると，学校内でのトラブルも起こる。読売新聞（2024［令和6］年1月12日）には，「複数男児が学習用タブレットで女児の着替え盗撮，データ共有」とある。これまで，この種のトラブルは小学生では報告されたことはなかったが，今後，すべての小学生が学校で情報端末を所持している状況になってくると，このようなトラブルを回避する方策が必要である。

GIGA スクール構想は，もともとは5カ年計画であった。2018（平成30）～2022（令和4）年度の5年をかけて丁寧に準備するはずであったが，コロナ禍でオンライン授業等のために情報端末が早く必要になった等の理由で，2019（令和元）年度末にはすべての小・中学生に1人1台端末を持たせる方向に大きく舵を切った。当時の状況を考えると妥当な判断だったと考えられているが，準備不足での見切り発車になってしまったと指摘する声も多い。

盗撮以外にも個人情報の拡散，ネットいじめ対策等，課題は多い。後追いにはなるが今後の早急な対応が必要だろう。

3　子どもたちのネット利用の現状

1　4時間以上，ネット利用（勉強等以外）する割合

図13-3は，私が主宰するソーシャルメディア研究会が近畿地方を中心に約18万人を対象に行ったアンケート結果である。以下のグラフは，小学4年生以上のデータについて，分析したものである。

勉強等以外で4時間以上，ネットを使っている割合を調べた。小学1年生ですでに約1割が4時間を超え，小学6年生で2割を超え，高校生は3割以上である。

2　4時間以上，ネット利用する子の特徴

図13-4は，「朝食摂取」「就寝時刻」「イライラ」「勉強への自信」に対す

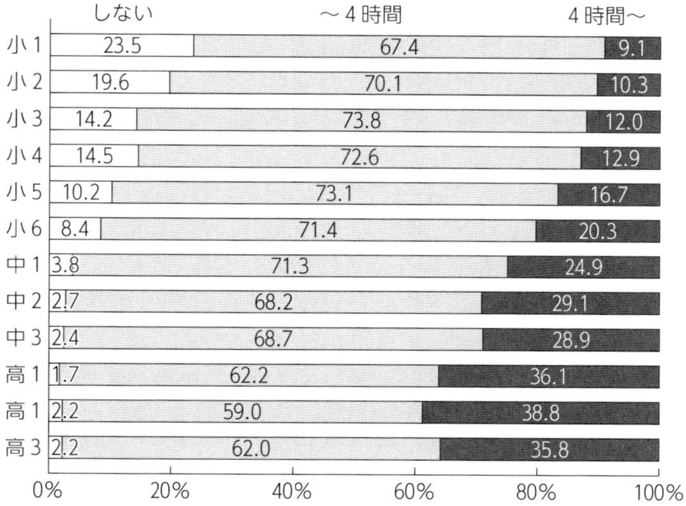

図 13-3　学年別 4 時間以上ネット利用する割合（勉強等以外）

る回答を，４時間を境に比較したものである。４時間以上は，そうでない子よりも朝食を欠食すること，12 時より遅く就寝すること，よくイライラすること，勉強に自信がないことがわかる。ネットの長時間利用に時間が割かれるため，就寝時刻が遅くなることは想像できるが，「イライラ」「勉強への自信」と関係するとは容易には理解しづらい。この結果を中学２年生４人に示して，彼らにその理由を考えてもらった。

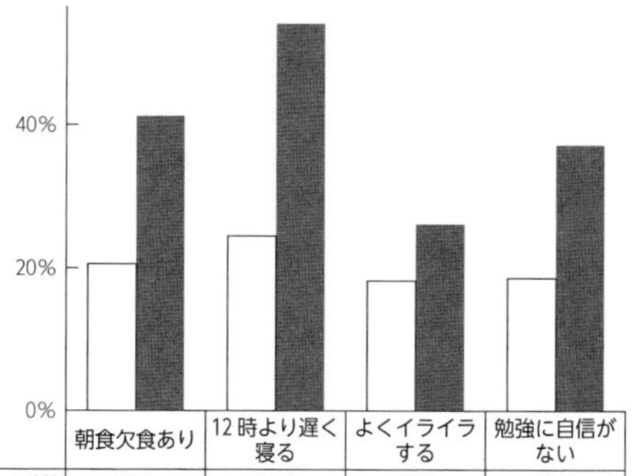

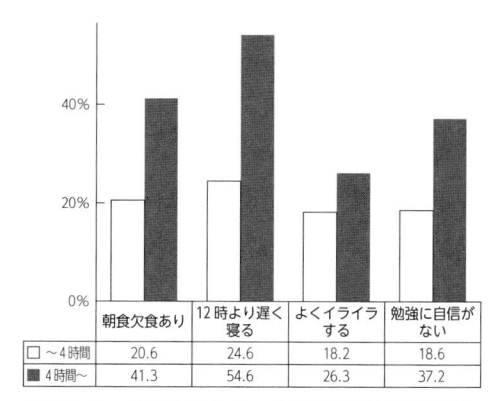

	朝食欠食あり	12 時より遅く寝る	よくイライラする	勉強に自信がない
□ ～4時間	20.6	24.6	18.2	18.6
■ 4時間～	41.3	54.6	26.3	37.2

図 13-4　4 時間以上ネット利用する子の特徴 1

Aさん　ネットしてるとつい寝るのが遅くなる
Bさん　ゲームしてると時間を忘れる
Cさん　YouTube 見てたら，なかなかやめられない
Dさん　関連動画が次々表示されるから
Aさん　TikTok もつい長く見てしまう
Cさん　気づいたら 2 時間経ってたり
Aさん　当然，勉強する時間がなくなって成績さがる…
Cさん　朝ご飯なんか眠くて食べられない…
Dさん　成績落ちるとお母さんに怒られる
Bさん　怒られてイライラ…
Aさん　睡眠不足でイライラするのもあると思う
Dさん　LINE や DM で長々やっちゃったり…
Cさん　LINE 電話でだらだらしゃべることもよくあるなぁ

DM
　X（旧 Twitter）や Instagram の機能。ダイレクトメッセージ。

Dさん　成績落ちるし，眠いし，お母さん機嫌悪いし，最悪
Aさん　なんとかしたいけどなぁ
Bさん　やめられないよなぁ

筆者は，2010（平成 22）年頃から全国各地で，スマホやネット利用について，子どもたち自身が考える「スマホサミット」のコーディネートしているが，いつの時代の子どもも同じように発言している。変化しているのは，課題に感じている年齢が下がってきていることである。

子どもたちだけでの解決は難しく，保護者や地域全体を巻き込んだ取り組みが必要だろう。

図 13-5 は，「ネットでのケンカ経験」「ネットでの課金経験」「ネットでの面識がない人との交流経験」に対する回答を，4時間を境に比較したものである。4時間以上は，そうでない子よりもネットでケンカしていて，ネットで課金していて，面識がない人とやりとりしていることがわかる。この結果も先の中学2年生4人に示して，彼らにその理由を考えてもらった。

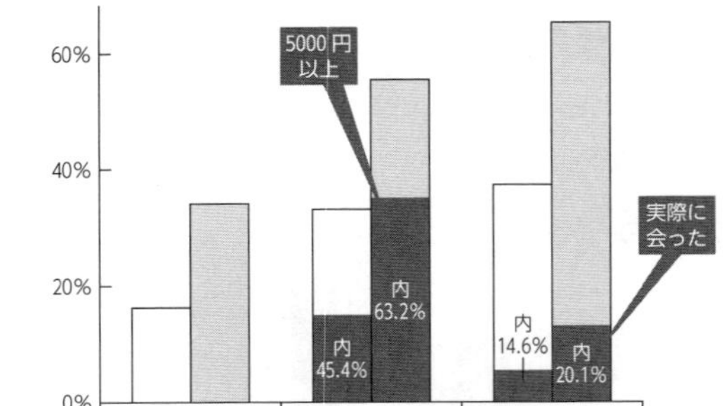

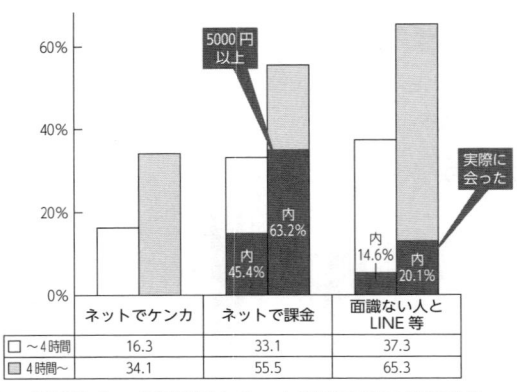

	ネットでケンカ	ネットで課金	面識ない人と LINE 等
□ ～4時間	16.3	33.1	37.3
■ 4時間～	34.1	55.5	65.3

図 13-5　4時間以上ネット利用する子の特徴 2

Bさん　長時間ゲームしたらもめることもあるよな
Aさん　イライラしてるからじゃないかな？
Bさん　最近は**ボイスチャット**で言い合いになったりよくする
Cさん　YouTube のコメント欄で言い合いになったり…
Dさん　LINE とかで誤解されたりもする
Aさん　課金はふつうにしてる
Bさん　強い武器ほしいし…
Cさん　推しグッズはネットでしか買えないし
Dさん　推しが同じ人と，一緒にライブに行ったりする人多い
Aさん　知らない人と行くのは僕は怖い
Bさん　前もってビデオ通話で顔を確認しとくから大丈夫
Cさん　でも私は何となく怖いな
Dさん　テレビとかでいろいろな事件が報道されてるし…

ボイスチャット
コンピュータネットワーク上で，2人以上の相手と音声によるメッセージをリアルタイムでやり取りするシステム。または，そのサービスのこと。

インターネット利用については，大人の常識と子どもたちの常識が乖離してしまっている可能性がある。このあたりについても社会全体で常識づくりに着手していく必要があるだろう。

4 情報モラル教育の必要性

このような状況を踏まえて，文部科学省や教育委員会，学校現場では，情報モラル教育の必要性が説かれることが多い。以下，学習指導要領等の重要な部分を記載する。

1 学習指導要領

文部科学省は，2017（平成 29）年 3 月に小学校および中学校，2018（平成 30）年 3 月に高等学校の学習指導要領を告示した。学習指導要領を小学校は 2020（令和 2）年度，中学校は 2021（令和 3）年度から全面実施，高等学校は 2022（令和 4）年度から学年進行で実施している。

（1）小・中・高等学校別のポイント（総則および各教科等）[5)]

【総則】小学校においては，文字入力など基本的な操作を習得，プログラミング教育を必修化。各教科等の特質に応じて，児童がコンピュータで文字を入力するなどの学習の基盤として必要となる情報手段の基本的な操作を習得するための学習活動や，プログラミングを体験しながらコンピュータに意図した処理を行わせるために必要な論理的思考力を身に付けるための学習活動を計画的に実施することを明記。

【技術・家庭科（技術分野）】中学校においては，技術・家庭科（技術分野）においてプログラミング，情報セキュリティに関する内容を充実した。「計測・制御のプログラミング」に加え，「ネットワークを利用した双方向性のあるコンテンツのプログラミング」等について学ぶ。

【情報科】高等学校においては，情報科において共通必履修科目「情報Ⅰ」を新設し，すべての生徒がプログラミングのほか，ネットワーク（情報セキュリティを含む）やデータベースの基礎等について学習する。「情報Ⅰ」に加え，選択科目「情報Ⅱ」を開設。「情報Ⅰ」において培った基礎のうえに，情報システムや多様なデータを適切かつ効果的に活用し，あるいはコンテンツを創造する力を育成する。

（2）学習指導要領における「情報モラル教育」の主な記載

- 小学校学習指導要領（平成 29 年 3 月告示）抜粋

> 第1章 総則 第2
> 2 (1) 各学校においては，児童の発達の段階を考慮し，言語能力，情報活用能力（情報モラルを含む。），問題発見・解決能力等の学習の基盤となる資質・能力を育成していくことができるよう，各教科等の特質を生かし，教科等横断的な視点から教育課程の編成を図るものとする。

• 小学校学習指導要領解説 総則編

> 第1章総則第2の2(1)においては，「情報活用能力（情報モラルを含む。）」として，情報活用能力に情報モラルが含まれることを特に示している。携帯電話・スマートフォンやSNSが子供たちにも急速に普及する中で，インターネット上での誹謗中傷やいじめ，インターネット上の犯罪や違法・有害情報の問題の深刻化，インターネット利用の長時間化等を踏まえ，情報モラルについて指導することが一層重要となっている。
>
> 情報モラルとは，「情報社会で適正な活動を行うための基になる考え方と態度」であり，具体的には，他者への影響を考え，人権，知的財産権など自他の権利を尊重し情報社会での行動に責任をもつことや，犯罪被害を含む危険の回避など情報を正しく安全に利用できること，コンピュータなどの情報機器の使用による健康との関わりを理解することなどである。このため，情報発信による他人や社会への影響について考えさせる学習活動，ネットワーク上のルールやマナーを守ることの意味について考えさせる学習活動，情報には自他の権利があることを考えさせる学習活動，情報には誤ったものや危険なものがあることを考えさせる学習活動，健康を害するような行動について考えさせる学習活動などを通じて，児童に情報モラルを確実に身に付けさせるようにすることが必要である。その際，情報の収集，判断，処理，発信など情報を活用する各場面での情報モラルについて学習させることが重要である。また，情報技術やサービスの変化，児童のインターネットの使い方の変化に伴い，学校や教師はその実態や影響に係る最新の情報の入手に努め，それに基づいた適切な指導に配慮することが必要である。併せて児童の発達の段階に応じて，例えば，インターネット上に発信された情報は基本的には広く公開される可能性がある，どこかに記録が残り完全に消し去ることはできないといった，情報や情報技術の特性についての理解に基づく情報モラルを身に付けさせ，将来の新たな機器やサービス，あるいは危険の出現にも適切に対応できるようにすることが重要である。さらに，情報モラルに関する指導は，道徳科や特別活動のみで実施するものではなく，各教科等との連携や，さらに生徒指導との連携も図りながら実施することが重要である。
>
> （中略）さらに，児童が安心して情報手段を活用できるよう，情報機器にフィルタリング機能の措置を講じたり，個人情報の漏えい等の情報セキュリティ事故が生じることのないよう，学校において取り得る対策を十全に講じたりすることなどが必要である。

※中学校の場合は，「児童」が「生徒」になる。

2　これからのために

情報化の波はとどまることはないだろう。最近は生成AIなど，新しい課題も出てきている。見てきたように，インターネットには陰の部分もあるが，実際は有益で便利な面が多い。高度情報化社会を生き抜いていくためには，利活用していく姿勢が必要なのはいうまでもないが，子どもたちには「正しく怖がり，賢く使う」意識を持たせる必要があるだろう。保育，教育に関わる者にとって，この問題は，今後ますます重要になっていくことが予想される。

【引用・参考文献】

1）小野 淳・斎藤富由起「「サイバー型いじめ」（Cyber Bullying）の理解と対応に関する教育心理学的展望」『千里金蘭大学紀要』5，2008年，pp. 35-47

2）新谷洋介・長谷川元洋「Android スマートフォンユーザ向け ワンクリック詐欺疑似体験教材の開発」『情報処理学会論文誌』54（8），2013年，pp. 2131-2135

3）鈴木英男・安岡広志ほか「本人追跡性を基礎とする携帯電話の情報モラル教育」『東京情報大学研究論集』16（1），2012年，pp. 23-32

4）こども家庭庁「令和5年度 青少年のインターネット利用環境実態調査 調査結果（速報）」2024年（https://www.cfa.go.jp/assets/contents/node/basic_page/field_ref_resources/9a55b57d-cd9d-4cf6-8ed4-3da8efa12d63/fc117374/20240226_policies_youth-kankyou_internet_research_results-etc_09.pdf，2024年4月4日閲覧）

5）文部科学省「情報モラル教育について」2023年（https://www.cfa.go.jp/assets/contents/node/basic_page/field_ref_resources/83dd44fd-3e72-4667-b858-24215425dc89/ebe2c6dd/20231025_councils_internet-kaigi_84922a59_02.pdf，2024年4月4日閲覧）

◇◇ お薦めの参考図書 ◇◇◇◇◇◇◇◇◇◇◇◇◇◇◇◇◇◇◇◇◇◇◇◇◇◇◇◇◇◇◇◇◇

① 山崎勝之・戸田有一ほか編著『世界の学校予防教育』金子書房，2013年

② 竹内和雄『10代と考える「スマホ」』岩波書店，2022年

③ 文部科学省「生徒指導提要［改訂版］〈令和4年12月〉」東洋館出版，2023年

第14章 子どもを取りまく現状と課題Ⅲ——GIGAスクール構想による現場環境の変化

1 GIGAスクール構想によるICT環境の充実

2019（令和元）年12月に閣議決定された「GIGAスクール構想」により，小・中学校における児童生徒1人1台端末の整備，ネットワークの高速化，クラウドサービスの効果的な活用が推進されるようになった。これにより，日本の教育現場におけるICT環境は格段に進歩したといえる。ICTには端末以外にも，たとえばパソコンやデジタルカメラ，電子黒板，デジタル教科書，テレビ会議システム，タブレット端末などの機器も含まれるが，それぞれの特性を活かし，授業の目的や必要性などに応じて積極的に活用されている。

ICT
　Information and Communication Technologyの略。そしてパソコンや電子黒板，タブレット，動画などを用いて授業の効率化を促進する教育を総称したものをICT教育という。

このGIGAスクール構想の推進により，授業においてICTを活用できる場面が格段に多く見られるようになった。たとえば一斉学習の場面では，電子黒板に挿絵や写真などの画像や動画を提示しながら教師が説明することで，生徒の興味・関心をより高めることが可能となった。また個別学習の場面では，生徒1人1人の学修履歴を記録することができるようになり，習熟度に応じた学習課題に取り組んでもらえることが可能となった。さらに協働学習の場面では，グループ内で1つのプレゼンテーションスライドやレポートなどを共同編集できるようにもなった。このようにICTを活用することによって，これまで以上に学習の個性化としての学び，指導の個別化としての学び，協働的な学びが実現できることとなり，生徒が楽しみながら主体的に，また自分のペースで学習に取り組むことができるようになったため，学習意欲が高まりやすくなったと考えられる。

しかしその一方で，ICTは導入して終わりということではなく，その後のメンテナンスや保守，管理に多くの労力や費用がかかってしまう。劣化したり壊れてしまったりした場合には修理や交換が必要となる。またICTはインターネットに接続されているため，セキュリティ対策もしっかりと行う必要がある。あわせてネットワークやサーバーの設定や管理も求められる。さらに，長時間ICTを利用することによるVDT症候群やインターネット依存など，生徒の健康面での悪影響も懸念される（本章3 2参照）。

以上のような背景を踏まえて本章では，GIGAスクール構想による現場環境の変化について，ICT 環境が大きく変化したことによって見られる良い変化と，今後改善されていくべき課題の 2 つの観点から考えていきたい。

2 GIGA スクール構想による学校教育現場への好影響 ――教育内容や学習活動の多様化

1 テレビ会議システムを用いた交流学習

授業場面で**テレビ会議システム**を利用することによって，遠隔地の学校との交流学習や，海外の学校との国際交流学習を行うことが可能となった。たとえば，長崎県対馬市の小学校，鹿児島県奄美大島の小学校，沖縄県小浜島にある小学校の 3 校による食文化をテーマとした遠隔学習や[1)]，石川県金沢市の小学校とシリアのパレスチナ難民キャンプ地区に住むパレスチナ難民の児童との交流学習などをはじめ，興味深い実践が以前から数多く行われている[2)]。

このような交流学習では，社会科の流通や産業，離れた土地の暮らし，国語の方言，理科の天候や地形，家庭科の食文化など，自分の住んでいる地域や環境から視野，視点を広げて学習することが望ましい学習内容や単元において，自分の地域では学べないことやあまり目にすることができないこと，体験することが難しいことなどを相手の学校の友達から教えてもらったり，逆に自分たちの地域のことを教えてあげたりするというような学習活動を行うことができる。そして，伝え合う力を育てる，国際的な視野を広める，異文化理解を深める，情報モラル意識を高めるなど，さまざまな学習効果も期待できる[1)]。

2 電子黒板とデジタル教科書・デジタル教材

近年，**電子黒板**や**デジタル教科書**の学校教育現場への普及が進んでおり，授業場面において積極的に活用されるようになってきている。この電子黒板とデジタル教科書を一体化して活用することで，これまで紙の教科書では難しかった「書きやすさ・消しやすさ」の実現（簡単に書いたり消したりすることができる），「共有しやすさ・連動しやすさ」の実現（教室前方の大型提示装置に，ある生徒の端末画面を映し出して全員で共有することができる），「拡大しやすさ・縮小しやすさ」の実現（挿絵や写真などを細部まで確認しやすくなる），「保存しやすさ」の実現（途中までまとめた文章や図などをそのまま保存しておくことができる）などが可能となった[4)]。

電子黒板は，生徒が発表や説明をする際に画面の前で操作をしながら進め

テレビ会議システム
インターネットを介して，距離が離れた 2 ヶ所以上の場所の画像と音声を伝え合い，リアルタイムで会議を行うことができる仕組みのこと。

電子黒板
パソコンと連動してその画面を映し出すことができる電子化されたディスプレイやホワイトボードなどの総称。直接操作して画面上にペンで文字を書き込むことができ，それを保存，再生することもできる。

デジタル教科書
デジタル機器や情報端末向けの教材のうち，既存の教科書の内容と，それを閲覧するためのソフトウェアに加え，編集，移動，追加，削除などの基本機能を備えるもの[3)]。

ていくことができるため[5)]，学修者同士の対話や相互作用を促進し，「思考力・判断力・表現力を高める」ことに繋がると考えられる[6)]。また，電子黒板を使って書き込みながら説明をする発表は，使わないときよりも聞き手に理解されるものになったと報告されている研究もある[7)]。さらに，教師と生徒との間でも同じ画面を見て対話を重ねながら授業を進めることが容易になるため，授業の中で教師と生徒の「対面コミュニケーション」を活性化させる上でもとても効果的である[8)]。

写真 14-1 電子黒板とタブレットを活用した算数の授業

発見学習
子どもの知的好奇心や探索意欲を大切にし，発見の感覚とその結果としての自己自信により，自分で問題に向かう態度を発達させ，能力を身につけることをねらいとする学習法[9)]。

問題解決学習
アメリカの経験主義教育の流れをくみ，生徒が自ら直面する問題を，反省的思考を基本とする問題解決の道筋に沿って，自主的・創造的に解決していくという学習形態[9)]。

体験学習
実際に手や身体を動かして何かを体得することが，直感や洞察力，認識の世界においてかなり重要な位置を占めているという考え方で，自然体験や日常生活との関連を重視し，観察・実験で自然に対する知的好奇心や探求心を高める学習[10)]。

3 アクティブ・ラーニングにおける学習用端末の活用

現行の学習指導要領では，主体的・対話的で深い学び（アクティブ・ラーニング）の視点から「何を学ぶか」だけでなく「どのように学ぶか」も重視されている。このアクティブ・ラーニングは，教師による一方向的な講義形式の教育とは異なり，学修者の能動的な学修への参加を取り入れた教授・学習法の総称である。学修者が能動的に学修することによって，認知的，倫理的，社会的能力，教養，知識，経験を含めた汎用的能力の育成を図ることを目的としている。そしてアクティブ・ラーニングには，**発見学習**，**問題解決学習**，**体験学習**，調査学習などが含まれるが，教室内でのグループ・ディスカッション，ディベート，グループ・ワークなども有効な方法に挙げられる[11)]。また中央教育審議会答申（2016）「幼稚園，小学校，中学校，高等学校及び特別支援学校の学習指導要領等の改善及び必要な方策等について」では，「『主体的・対話的で深い学び』の実現とは，……（中略）……，学習内容を深く理解し，資質・能力を身に付け，生涯にわたって能動的（アクティブ）に学び続けるようにすることである」と説明されている[12)]。以上より，現在の教育においては見た目が活動的ということではなく，思考力・判断力・表現力などを発揮して，そこに学びが生じているか（生徒たちの頭の中がアクティブに働き学習が成立しているか）が重要なのである[13)]。

このような学びを実現する上で学習用端末の活用が有効である。学習用端末では，生徒が自ら画面を操作し，手軽に動画や静止画を撮影したり，気付いたことを書き込んでおいたり，さらにはそれをネットワーク上で共有することもできる[14]。具体的な実践事例としては，体育の跳び箱やマット運動などの学習において，自分の技能の動画と得意な友達の動画を撮影しておき，友達の良いところを探して自身の技能の向上に努めたり，友達から上手く動作するコツや直した方がいいところを，動画を見ながら教えてもらったりすることで学びを深めていくという学習活動が挙げられる[3]。他にも，理科の実験の様子を撮影しておき，動画を再生しながら，その中で気になったことや考えたこと，理解したことなどを端末内にまとめさせておき，何人かの生徒の考えや意見を電子黒板で表示して，クラス全体でその内容について議論をしたり内容の理解を深めたりするというような学習活動も可能である。

現在，このような教育実践の事例は数多く蓄積されてきており[15]，今後このような実践の質がさらに向上していくことが期待される。

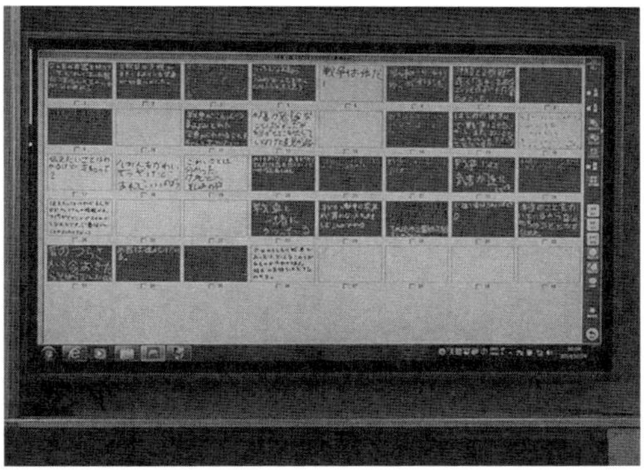

写真 14-2　タブレットに生徒が書いた意見を電子黒板上で共有

4 ICT の利用に関わるリスクやトラブルから身を守る力の育成

近年，子どもたちの間でスマートフォンを含めた携帯電話をはじめとするさまざまな情報通信端末機器が急速に普及してきているが，このような中でネットいじめや SNS での炎上問題，著作権・肖像権の侵害などをはじめ，さまざまなインターネット利用に伴うリスクやトラブルが社会問題化してきている[17]。そしてこのような背景を踏まえ，学校教育現場では**情報モラル教育**や**ネット安全教育**などの教育実践が広く行われるようになってきている。

しかしこのような教育実践では，生徒に視聴覚教材を見せた上で，そこに登場した人物の問題行動について話し合わせ，「～なことはしないようにしよう」「～には気をつけよう」というような注意喚起や利用制限を促す形で授業が終えられるものが多く見られる。そして，このような授業は教室の中

SNS
インターネットのネットワークを通じて，人と人をつなぎコミュニケーションが図れるように設計された会員制サービスのこと[16]。

情報モラル教育
情報を送受信する際に，守るべき道徳である情報モラルを身につけさせることを目的とした教育の呼称[10]。

ネット安全教育
高度情報通信社会におけるネット危機およびネット犯罪の，加害者にも被害者にもならないために必要な危機管理能力や自主的判断力を育てることをねらいとした教育の呼称[18]。

だけで完結してしまい，学習したことが生徒の日常生活でのインターネット利用に繋がっている，活かされているとは言い難いことが，このような教育実践を行う上での方法上の課題の1つとして考えられる[19]。

そこで，このような課題を改善する方法の1つとして，著作権や肖像権に関することや，メールやSNSで人とコミュニケーションをするときに気をつけること，不適切なICTの利用によって生じる可能性のあるリスクなど，ICTやインターネット利用に関わる問題，トラブルについて考えさせる学習指導を，ICTを活用した学習活動と関連させながら行うことが効果的と考えられる。その理由は，生徒が学んだICTを利用する上で注意することや気をつけるべきことなどを，ICTを活用する学習活動の場ですぐに実践して活かすことができるためである。

ICTやインターネットの不適切な利用に伴うリスクやトラブルは，子どもたちの心身の健康や財産などに悪影響を及ぼす可能性が高いため，このような内容に関する学習指導も定期的・継続的に行う必要があるだろう。

3　ICTの普及に伴う今後改善されるべき課題

1　地域や予算等により生じる教育格差

さまざまなICTを全国の学校教育現場に一律に揃えるというのは現実的に難しく，現在のところ学校教育現場への導入については，各都道府県や市町村の教育委員会，また各学校の予算や校長の裁量などに委ねられる形となっている。そのため，地域間や学校間で**ICTの整備状況**や授業での活用状況などに差が生じてしまい，それが教育格差や学力格差の拡大を生むことに繋がる可能性があることが懸念される。

たとえば，2の**2**で取り上げた**電子黒板の整備状況**について，全校の全学級に配置することができれば全く問題はないのであるが，現実的には1校に1台しか整備されていない学校も多くある。その場合，電子黒板を使った授業を受けることができる生徒と受けることができない生徒が出てきてしまうこととなる。また，1台を校内で使い回して利用する場合，階をまたぐ移動や，移動するたびに電子黒板のセッティング（LANの接続，キャリブレーションなど）に時間がかかり，授業間の5分や10分の休み時間の間で準備を完了するのは難しい。したがってこのような学校では，1時間目や5時間目など，授業開始までに余裕のある時間に電子黒板の利用の希望が集中するという問題も生じている。

またこのようなICTを使った授業を行うにあたっては，教師の間で操作

ICTの整備状況
たとえば，文部科学省の「令和2年度学校における教育の情報化の実態等に関する調査結果（概要）」（2021（令和3）年3月現在）によると，普通教室の校内LAN整備率は，もっとも高い都道府県が兵庫県の99.5%に対して，大分県が68.4%ともっとも低く，約30%近くの差が見られている。

電子黒板の整備状況
同上の調査によると，プロジェクタ，デジタルテレビも含めた「大型提示装置」の整備率についてもっとも高いのは岡山県の91.1%で，もっとも低いのは秋田県の29.6%であった。また全国的な平均は60.0%であった。

スキルの得意不得意に差が見られることもあり，「得意な教師だけが授業で使っていて，苦手な教師は使っていない」「授業云々の前にスキル不足，研修不足で，ICT を活用した良い授業がイメージできない」「操作に慣れるまでは試行錯誤的な授業が続きそう」「どれだけ良い ICT が学校に整備されたとしても，教師側の授業設計力や授業実践力がなければ宝の持ち腐れになってしまう」といった声を耳にすることがある。このような教師のスキルの要因も，教育格差を生む要因となってしまう可能性がある。したがってこのような状況を改善するために，どのように教師の ICT を活用した授業力を高めていくかということが今後の課題になってくるだろう。

写真 14-3　電子黒板のかわりにパソコンとプロジェクタを代用している教室も多い

2　生徒の心身への悪影響

ICT は，生徒の学習活動においてさまざまな教育効果や利便性をもたらすことが，これまでの数多くの実践からも明らかとなっているが，これらを生徒に過度に利用させることには気をつけたい。その理由は，パソコンやタブレットなどの液晶画面を長時間注視することによる「**VDT 症候群**」に陥る可能性があるからである。現代の青少年は，スマートフォンや携帯ゲーム機，パソコン，テレビなどさまざまな液晶画面に囲まれた日常生活を送っており，これらの利用時間が平日 1 日に 3 時間を超えるなど長時間に及んでいる生徒が多いことも各種調査によって明らかとなっている。

このような日常生活を送っている生徒に ICT を授業で利用させる場合，過度な利用は VDT 症候群を助長させかねない。この VDT 症候群は，ドライアイや視力低下など目の視覚機能に悪影響を与えるだけでなく，肩こりや腰痛，腕の痛みなどの症状をもたらすこともある。

また近年では，中学生や高校生を中心とする**インターネット依存**が大きな社会問題の 1 つとなっている。たとえば尾崎（2018）の調査において，高校生のインターネットの病的使用者の割合は 16.0％と，5 年前の調査（9.4％）

VDT 症候群
Visual Display Terminal Syndrome の略。目や視力への悪影響だけでなく，心身にも悪影響を及ぼす可能性のある病気。

インターネット依存
インターネットにばかり気が向いてしまったり，インターネットに自分の気持ちが左右されるなど精神的に依存してしまうこと。それによって利用時間を自分でコントロールできないほど没頭してしまい，それが極端に長い時間の利用に繋がり，心身の健康や日常生活に悪影響を及ぼしている状態[20]。

に比べて増加していることが確認されている[21) 22)]。また昨今のコロナ禍に伴う外出自粛により，さらにこの問題が低年齢化している可能性が高い。その影響は，深夜にまで及ぶSNSやゲームの利用による睡眠不足，ゲームサイトなどへの過度な課金，自転車や歩行中のながらスマホによる交通事故，インターネットの利用に関わる親子喧嘩や家庭内暴力など多岐に渡る[23)]。

このように，ICTやインターネットの不適切な利用はさまざまな悪影響やリスクをもたらす可能性があることを踏まえると，ICTを授業で活用する際には，各教科の学習指導に役立てるだけでなく，過度な利用や不適切な利用により生徒の心身の健康や発達に悪影響が及ばないよう，望ましいICT利用の習慣を身につけさせるための注意喚起や学習活動[24)]も定期的に行う必要があるだろう。

3 故障や不具合，事故への懸念

普段パソコンを利用しているときでも，パソコンが突然フリーズしてしまったり，変な動作をしてしまったりすることがあるように，ICTを授業で活用しているときにも似たようなトラブルが生じてしまうことがある。たとえば，ネットワークの通信トラブルにより電子黒板のペンが反応しなくなったり，パソコンがフリーズしてしまったりすると，再起動のために無駄な時間を要することとなり，そのせいで授業の流れが止まってしまい，生徒の集中力が切れてしまうことがある。そのため，このようなトラブルが生じてしまい，想定していた授業ができなくなる可能性があるのであれば，わざわざ使わなくてもいいのではないか，という理由からICTを使用しなくなる教師もいる。

一方で生徒の視点に立つと，電子黒板はサイズも大きいため，狭い教室の中でぶつかったり，キャスターに足をとられてつまずき怪我をしてしまわないかということも懸念される。また，生徒の机の上で教科書，筆記用具，ノート，それに加えてたとえばタブレットを使用するとなると，机の上が窮屈になり，とくにタブレットは高価であることもあり，落としてしまわないかどうか教師も生徒も気になってしまい，お互いが授業に専念しづらくなることもある。もし端末が故障した場合，基本的には保守の対象となるため家庭に負担が求められることはないが，「故意」もしくは「重大な過失」による破損や紛失など，状況が悪質な場合は家庭に弁償が求められることもある。これまで端末を使ったことがない生徒が利用するため，落下による故障はもちろん，運動場で利用したことで砂が端末本体に入ってしまい動かなくなった，除菌用の消毒液が本体に流れ込んで故障してしまった，自宅や登下校中に生徒が紛失してしまったなどさまざまな事例が報告されている。修理費に国の補助はなく，多くの場合1年間はメーカー保証があるが，それ以降は有償となるため修理費を自治体が負担しているところもある。

したがって，今後教育現場でICTを活用した教育をより円滑に行うことができるようにしていくためにも，このような問題や課題について，教室の学習環境や教育行政，学校経営などさまざまな観点から改善方法を検討しておく必要があるだろう。

4 おわりに

本章では，ICTの普及による現場環境の変化について，GIGAスクール構想によってICT環境が大きく変化したことによる学校教育現場への良い変化と，今後改善が求められる課題の2つの観点から考えてきた。本章で取り上げた内容がすべてではないが，私が伝えたいことを読者のみなさんが少しでもイメージしやすくなるよう，できる限り具体的なICTやそれに関わる事例，場面などを取り上げるように心がけたつもりである。

これからの高度情報通信社会の中核を担う生徒を育てていくことを考えたとき，彼らには学校教育を通して，日常生活や学習，仕事の利便性などを高めるための有効なICT利用ができる力，またICTの利用に伴い生じ得るリスクやトラブルを未然に防いだり，それらを最小限に抑える力を育てることで，このような社会を適応的に生きていくことができるように成長を促していく必要があると考えている。そのためにも，学校教育現場においてはICTを活用した教育を積極的に行っていただき，教育実践や研究の事例を蓄積することによって教育の質を高めていき，未来ある生徒に効果のある教育実践が広く行われるようになることを期待したい。

【引用・参考文献】

1）稲垣 忠・寺嶋浩介「インターネットを活用した交流学習」，水越敏行・久保田賢一編著『ICT教育のデザイン』日本文教出版，2008年，pp. 217-234
2）久保田真弓・岸磨貴子「海外との交流学習の展開」，水越敏行・久保田賢一編著『ICT教育のデザイン』日本文教出版，2008年，pp. 235-256
3）文部科学省「学びのイノベーション事業 実証研究報告書」2014年（http://jouhouka.mext.go.jp/school/pdf/manabi_no_innovation_report.pdf，2015年11月9日閲覧）
4）中川一史「GIGAスクールで子どもの学びや取り巻く環境はどう変わるか」，中川一史・赤堀侃司編著『GIGAスクール時代の学びを拓く！PC1人1台授業スタートブック』ぎょうせい，2021年，pp. 14-25
5）清水康敬編著『電子黒板で授業が変わる』高陵社書店，2006年
6）中橋 雄・寺嶋浩介ほか「電子黒板で発表する学習者の思考と対話を促す指導方略」『日本教

育工学会論文誌』33（4），2010年，pp. 373-382
7）稲垣 忠・嶺岸正勝ほか「算数科授業での児童の説明場面における電子黒板の影響」『日本教育工学会論文誌』32（suppl.），2008年，pp. 109-112
8）中村伊地哉・石戸奈々子『デジタル教科書革命』ソフトバンククリエイティブ，2010年，pp. 152-156
9）牧 昌見編『新学校用語辞典』ぎょうせい，1993年
10）日本教育工学会編『教育工学事典』実教出版，2000年
11）中央教育審議会「新たな未来を築くための大学教育の質的転換に向けて～生涯学び続け，主体的に考える力を育成する大学へ～（答申）」2012年（http://www.mext.go.jp/component/b_menu/shingi/toushin/__icsFiles/afieldfile/2012/10/04/1325048_3.pdf，2015年11月9日閲覧）
12）中央教育審議会「幼稚園，小学校，中学校，高等学校及び特別支援学校の学習指導要領等の改善及び必要な方策等について（答申）」2016年（https://www.mext.go.jp/b_menu/shingi/chukyo/chukyo0/toushin/__icsFiles/afieldfile/2017/01/10/1380902_0.pdf，2024年6月10日閲覧）
13）中橋 雄『学びが生まれる場の創造—教育方法・ICT活用論』北樹出版，2023年
14）中川一史「《基調講演》タブレット端末活用の現状とこれから」2013年（http://www.sky-school-ict.net/seminar/tablet/2013/01.html，2015年11月9日閲覧）
15）D-project編集委員会編『つなぐ・かかわる授業づくり タブレット端末を活かす実践52事例』Gakken，2014年
16）小学館編『日本大百科全書』小学館，2016年
17）佐藤佳弘『脱！スマホのトラブル［増補版］』武蔵野大学出版会，2018年
18）田中博之編著『ケータイ社会と子どもの未来—ネット安全教育の理論と実践』メディアイランド，2009年
19）鶴田利郎「R-PDCAサイクルの活動を用いたネット依存に関する授業実践—依存防止プログラムの成果を援用した8時間の授業実践の試み」『日本教育工学会論文誌』35（4），2012年，pp. 411-422
20）鶴田利郎・山本裕子ほか「高校生向けインターネット依存傾向測定尺度の開発」『日本教育工学会論文誌』37（4），2014年，pp. 491-504
21）尾崎米厚「飲酒や喫煙等の実態調査と生活習慣病予防のための減酒の効果的な介入方法の開発に関する研究 厚生労働科学研究費補助金（循環器疾患・糖尿病等生活習慣病対策総合研究事業）平成29年度 総括・分担研究報告書」2018年（https://mhlw-grants.niph.go.jp/project/26503，2020年7月13日閲覧）
22）鶴田利郎・石川久美子「高等学校における教科横断的なインターネット依存改善のための授業実践」『コンピュータ＆エデュケーション』47，2019年，pp. 65-68
23）樋口 進『Q&Aでわかる子どものネット依存とゲーム障害』少年写真新聞社，2019年
24）鶴田利郎「中学校・高等学校における継続的なインターネット依存・ゲーム障害の予防教育の授業実践」『コンピュータ＆エデュケーション』53，2022年，pp. 82-85

◇◇ お薦めの参考図書 ◇◇◇◇◇◇◇◇◇◇◇◇◇◇◇◇◇◇◇◇◇◇◇◇◇◇◇◇

① 竹内和雄『家庭や学級で語り合うスマホ時代のリスクとスキル—スマホの先の不幸をブロックするために』北大路書房，2014年
② 梶田叡一『アクティブ・ラーニングとは何か』金子書房，2015年
③ 赤堀侃司『タブレット教材の作り方とクラス内反転学習』ジャムハウス，2015年
④ 赤堀侃司『電子黒板・デジタル教材活用事例集』教育開発研究所，2011年
⑤ 中橋 雄編著『世界は切り取られてできている—メディア・リテラシーを身につける本』NHK出版，2024年

あ と が き

高橋　登（大阪教育大学）

本書を通じて，みなさんは教育心理学について多くのことを学んだことでしょう。自分自身や子どもへの理解も深まったのではないでしょうか。

教育心理学を学ぶことの意義は２つあると私は考えています。１つは，自分自身への理解を深めることです。自分が正しい，当たり前だと考えていたことが，実際には当たり前でないことが沢山あります。また，何となく感じていたことが，教育心理学を学ぶことではっきりとわかることがあります。たとえば，子どもたちをほめることは必要ですし，大切なことです。けれども，子どもたちはほめられることでかえってやる気が下がってしまうこともあります。また，努力することは大切ですが，だからといって，努力しなさいと言えば子どもたちは努力するようになるわけではありません。そのように，子どもたちと関わるときに，当たり前のちょっと先にあることを知ることは大切です。

教育心理学を学ぶもう１つの意義は，教師や保育者として関わることになる，子どもたちへの理解を深めることです。私たちの目の前の子どもたちは多様化しています。教室には外国にルーツのある子どもたちがいることも珍しいことではなくなりました。そうした子どもたちが多く暮らす地域では，クラスの半数近くが外国にルーツのある子どもであることもあります。外国にルーツのある子どもたちは，日本語を学びつつ，日本で生まれ育った子どもたちと同様に，日本語で授業を受けています。子どもたちが自分に自信を持ち，友達を作り，自らの文化や言葉に誇りを持ちながら日本語や日本文化を身につけ，そのなかで，しっかりとした学力を身につけることが目指されます。もちろん，子どもたちの支援は，教師や保育者だけが担うものではありません。日本語教師や支援員，放課後のさまざまな活動の支援者など，多くの人々が関わっています。そうした他職種の人々が連携して支援にあたるのが，多様化する現在の学校の姿なのです。

教育心理学を学んだみなさんは，今度はインターンシップや教育実習を通じて実際に子どもたちと関わることになります。さまざまな経験を積み重ねながら，教室で学んだ知識をもとに省察を深めることで，教師となるための資質を自らが育てて行くことを期待しています。

索　引

執筆者一覧

【編著者】

石上　浩美　（大阪千代田短期大学）

【執筆者】（執筆順）

石上　浩美	（大阪千代田短期大学）	第1章・第6章 第2～5節・第8章・第11章
茂野　仁美	（大阪教育大学）	第2章
河村　信子	（奈良佐保短期大学）	第3章
宮本　直美	（関西福祉科学大学）	第4章
稲田　達也	（豊岡短期大学）	第5章
芳田　茂樹	（大手前大学）	第6章 第1節
水野　正朗	（東海学園大学）	第7章
高岡　昌子	（奈良学園大学）	第9章
山口　真希	（花園大学）	第10章
宮前　桂子	（大阪総合保育大学）	第12章
竹内　和雄	（兵庫県立大学）	第13章
鶴田　利郎	（国際医療福祉大学）	第14章
高橋　登	（大阪教育大学）	あとがき

【イラスト】

東　景子　（大阪千代田短期大学）　第6章 第1節

【カバーイラスト】

和田　淳　（大手前大学／アニメーション作家）

編者紹介

石上浩美（いしがみ ひろみ）

大阪府生まれ。大阪教育大学大学院教育学研究科修了（教育学），奈良女子大学大学院人間文化研究科博士後期課程単位修得退学。現在は京都市立芸術大学大学院音楽研究科博士後期課程在籍，大阪千代田短期大学幼児教育科准教授，京都精華大学・流通科学大学非常勤講師。専門は教育心理学，音楽心理学，教師教育学。協同学習および活動理論の立場から，集団体験活動を対象とした調査・研究を行っている。また，教職キャリア形成支援のための養成・採用・研修モデルの構築に関する調査・研究や，「音育」活動を媒介としたメタ認知の発達支援研究，合唱における響きと聴こえに関する研究にも，積極的・意欲的に取り組んでいる。科学研究費基盤研究C「妊娠期から産褥期の母親による歌唱の胎児・新生児への愛着促進の効果（代表：宮本雅子）」分担（2021-2024）

〈主著〉『教育原理―保育・教育の現場をよりよくするために』（編著，嵯峨野書院），『新・保育と表現―理論と実践をつなぐために』（編著，嵯峨野書院），『指導法もいっしょに学ぶ保育内容「言葉」』（第３章分担，教育情報出版），『実践事例を通して具体的なかかわりを学ぶ保育現場における特別支援』（第４章分担，教育情報出版），『キャリア・プランニング―大学生の基礎的な学びのために』（共編著，ナカニシヤ出版），「子どものメタ認知発達を促す保育士の働きかけ―「音づくりの時間」事例調査から」（単著，『京都精華大学紀要』第52号），「「教員の自己形成およびキャリア形成支援モデル」の開発に関する研究―これからの教員養成・採用・研修がめざすもの」（単著，三田哲学会『哲学』144号），「協和性を維持するための合唱演奏者間相互作用についての研究(1)―ポストCOVID-19時代における独唱・合唱のあり方についてのアンケート調査より」（単著，京都市立芸術大学音楽学部・大学院音楽研究科研究紀要『Harmonia：研究紀要』51号）

未来へつなぐ教育心理学
―多文化共生社会を生きる子どもを育むために―

《検印省略》

2024年９月30日　第１版第１刷発行

編著者　石上浩美
発行者　前田　茂
発行所　嵯峨野書院

〒615-8045　京都市西京区牛ヶ瀬南ノ口町39　電話(075)391-7686　振替01020-8-40694

創栄図書印刷・吉田三誠堂製本所

ISBN978-4-7823-0626-0